HEYNE

D1865674

HEYNE KOCHBÜCHER

Dr. Oetker

Vegetarische Küche

WILHELM HEYNE VERLAG
MÜNCHEN

Vorwort

Nicht immer, aber immer öfter verzichten immer mehr Feinschmecker auf Flcisch. Oft bcginnt man mit fleischlosen Mahlzeiten, bald folgt ein vegetarischer Tag. Je intensiver man sich mit dieser Kost beschäftigt, desto weniger empfindet man sie als eine Küche des Verzichts.

Und was sich aus Gemüse, Salat, Obst, Getreide, Eiern und Milchprodukten zubereiten lässt, zeigen wir Ihnen im Folgenden.

Die Rezepte sind einfach zuzubereiten und, soweit nicht anders vermerkt, für 4 Portionen ausgerichtet.

Kapitelübersicht

Salate, Gemüse und Kartoffeln

Nudeln, Reis und Getreide

Snacks & Vorspeisen

Snacks & Vorspeisen

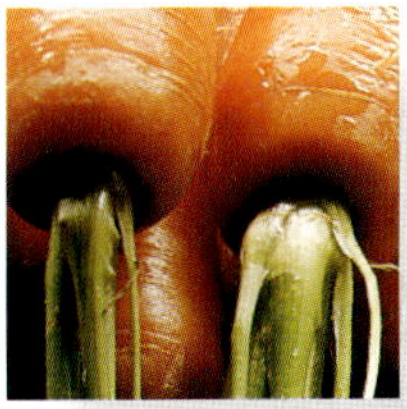

Buchweizenpuffer mit Bohnen-Paprikagemüse, Rezept Seite 10

DIE ZUTATEN:

FÜR DIE BUCHWEIZENPUFFER:
- 100 g BUCHWEIZENMEHL
- 50 g WEIZENVOLLKORNMEHL
- 200 ml SCHLAGSAHNE
- 100 ml MILCH
- 2 EIGELB (GRÖSSE M)
- 1 GESTR. TL SALZ
- FRISCH GEMAHLENER PFEFFER
- ½ TL ZUCKER
- GERIEBENE MUSKATNUSS
- 2 EIWEISS (GRÖSSE M)
- 50–75 ml OLIVENÖL

FÜR DAS BOHNEN-PAPRIKAGEMÜSE:
- 375 g GRÜNE BOHNEN
- SALZWASSER
- 1 TL BOHNENKRAUT
- 1 GROSSE ROTE PAPRIKASCHOTE
- 1 EL OLIVENÖL
- 150 g SCHAFSKÄSE
- 30 g GERÖSTETE PINIENKERNE

BUCHWEIZENPUFFER MIT BOHNEN-PAPRIKAGEMÜSE

(FOTO SEITE 8/9)

1. Für die Puffer Buchweizen- und Vollkornmehl in eine Schüssel geben, Sahne, Milch und Eigelb mit einem Schneebesen unterrühren und mit Salz, Pfeffer, Zucker und Muskat würzen. Masse 30 Minuten ruhen lassen.

2. Für das Gemüse von den Bohnen die Enden abschneiden, Bohnen waschen und in Stücke schneiden. Bohnen in kochendem Salzwasser mit Bohnenkraut in etwa 12 Minuten gar kochen. Das Kochwasser abgießen.

3. Paprika vierteln, entstielen, entkernen, die weißen Scheidewände entfernen, Paprika waschen und in Würfel schneiden.

4. Öl erhitzen, Paprikawürfel 1–2 Minuten darin andünsten, die abgetropften Bohnen zugeben und mit Salz, Pfeffer und Muskat würzen. Das Gemüse warm halten.

5. Eiweiß steif schlagen und unter den Teig heben. Etwas Öl in einer beschichteten Pfanne erhitzen und bei mittlerer Hitze in etwa 5 Minuten von beiden Seiten Puffer darin braten.

6. Die Puffer mit dem Gemüse, dem zerbröselten Schafskäse und Pinienkernen anrichten.

Tipp:
Pinienkerne durch Erdnuss- oder Haselnusskerne ersetzen.

DIE ZUTATEN:

- 2 KNOBLAUCHZEHEN
- ½ TL SALZ
- 2 LIMONEN
- 2 REIFE AVOCADOS
- CHILIPULVER
- FRISCH GEMAHLENER PFEFFER

AVOCADO-DIP *(FOTO RECHTS)*

1. Knoblauchzehen abziehen, mit Salz fein hacken, in eine Schüssel geben. Limonen auspressen und den Saft dazugeben.

2. Avocados halbieren, aufdrehen, Kern entfernen, mit einem Löffel das Fruchtfleisch herausholen, zu dem Knoblauch-Limonensaft geben, mit einer Gabel fein zermusen, mit Chilipulver und Pfeffer würzen.

3. Fleischtomaten kreuzweise einschneiden, kurz in kochendes Wasser legen (nicht kochen lassen), enthäuten, Stängelansätze herausschneiden, vierteln, entkernen, in kleine Stücke schneiden und unter das Avocadomus heben. Petersilie abspülen, gut

abtropfen, fein zerschneiden, mit dem Avocadomus mischen und nochmals mit den Gewürzen abschmecken.

4. Limonen in Scheiben schneiden. Avocado-Dip in die Mitte einer runden Platte geben, mit Limonenscheiben umlegen.

5. Tortilla Chips in einer extra Schüssel dazureichen.

Tipp:
Wenn Sie Koriandergrün bekommen und mögen, dieses anstatt Petersilie verwenden. Das Avocadomus wird nicht so schnell braun, wenn Sie den Kern der Avocado hineinlegen und erst kurz vor dem Servieren herausnehmen.

2 FLEISCHTOMATEN
1 BUND GLATTE PETERSILIE
3 LIMONEN

TORTILLA CHIPS

DIE ZUTATEN:

- 500 g BLUMENKOHL
- SALZ
- 500 g BROCCOLI
- 1 TL GEKÖRNTE BRÜHE
- 150 g TOMATEN
- 200 g MITTELALTER GOUDA
- 2 KNOBLAUCHZEHEN
- 50 g BUTTER
- 75 g CRÈME FRAÎCHE
- FRISCH GEMAHLENER PFEFFER
- 8 SCHEIBEN TOASTBROT
- 10 g SONNENBLUMENKERNE

ÜBERBACKENER GEMÜSETOAST *(8 PORTIONEN)*

1. Blumenkohl von Blättern, schlechten Stellen und Strunk befreien, waschen, in Röschen teilen, in mildem Salzwasser 8–10 Minuten garen, abtropfen lassen und warm stellen.

2. Broccoli putzen, waschen, in Röschen teilen. Stiele schälen und würfeln. Den Broccoli im Blumenkohlwasser mit gekörnter Brühe etwa 5 Minuten garen, abgießen und mit Handrührgerät mit Schneidestab pürieren.

3. Tomaten kurze Zeit in kochendes Wasser legen (nicht kochen lassen), in kaltem Wasser abschrecken, enthäuten. Die Stängelansätze herausschneiden, die Tomaten würfeln. 100 g von dem Käse reiben, restlichen Käse in Scheiben schneiden.

4. Knoblauch abziehen, zerdrücken und in 30 g der erhitzten Butter andünsten. Broccolipüree darin erhitzen, mit Crème fraîche und geriebenem Käse verrühren und mit Pfeffer würzen.

5. Toastscheiben rösten, mit der restlichen Butter bestreichen, Blumenkohlröschen darauf verteilen und Broccolicreme darüber geben.

6. Toast auf ein Backblech (30 x 40 cm, mit Backpapier belegt) setzen, mit Tomatenwürfeln bestreuen, mit Käsescheiben bedecken und mit Sonnenblumenkernen bestreuen. Das Backblech in den Backofen schieben, backen.

Ober-/Unterhitze: etwa 200 °C (vorgeheizt)
Heißluft: etwa 180 °C (vorgeheizt)
Gas: Stufe 3–4 (vorgeheizt)
Backzeit: 10–12 Minuten.

Pitabrote mit Schafskäse und Tomaten

1. Schafskäse in schmale Streifen schneiden und mit Salz, Pfeffer und Thymian würzen. Tomaten waschen, abtrocknen und in Scheiben schneiden (Cocktailtomaten je nach Größe evtl. nur halbieren).

2. Zwiebeln abziehen, in Scheiben schneiden und in Ringe teilen. Knoblauch abziehen und durch die Presse geben. Joghurt mit Salz, Pfeffer, Knoblauch und Öl verrühren.

3. Pitabrote nach Packungsanleitung im Backofen erwärmen, anschließend waagerecht durchschneiden. Die unteren Brothälften mit Salatblättern belegen. Schafskäse, Tomatenscheiben und Zwiebelringe darauf geben. Die Joghurtsauce darüber geben. Die Brote nach Belieben mit Paprikapulver bestreuen. Die obere Brothälfte darauf legen.

Tipp:
Die Brote evtl. bis zur Hälfte fest mit einer Serviette umwickeln, sie lassen sich so einfacher essen.

Die Zutaten:

300 g Schafskäse
Salz
frisch gemahlener Pfeffer
½ TL gerebelter Thymian
16 kleine Tomaten oder Cocktailtomaten
2 Zwiebeln
1 Knoblauchzehe
200 g Naturjoghurt
½ TL Salz
1 EL Olivenöl
4 Pitabrote (fertig gekauft)
gewaschene Salatblätter, z. B. Lollo Rosso
evtl. Paprikapulver rosenscharf

DIE ZUTATEN:

FÜR DEN TORTILLATEIG:
300 g WEIZENMEHL
100 g MAISMEHL
200 ml LAUWARMES WASSER
2 EL SPEISEÖL
½ TL SALZ

FÜR DIE SAUCE:
1 ZWIEBEL
2 EL OLIVENÖL
1 DOSE GESCHÄLTE TOMATEN (400 g)
1 KNOBLAUCHZEHE
1 EL BALSAMICO-ESSIG
2 EL TOMATENMARK
1 TL HONIG
SALZ
FRISCH GEMAHLENER PFEFFER
GERIEBENE MUSKATNUSS
1 BUND KORIANDER

FÜR DIE FÜLLUNG:
2 ROTE ZWIEBELN
2 EL SPEISEÖL
1 DOSE GEMÜSEMAIS (240 g)
1 DOSE KIDNEYBOHNEN
500 g TOMATEN
2 KLEINE CHILISCHOTEN
1 BUND OREGANO
1 TL PAPRIKAPULVER
½ TL GEMAHLENER KREUZKÜMMEL (CUMIN)
CAYENNEPFEFFER
300 g MITTELALTER GOUDA

ENCHILADAS

1. Für den Tortillateig aus Weizenmehl, Maismehl, Wasser, Öl und Salz einen glatten Teig kneten und 20 Minuten ruhen lassen.

2. Den Teig in 12 Portionen teilen und jeweils dünn ausrollen. Eine gusseiserne Pfanne erhitzen und die Tortillas von beiden Seiten backen, bis auf beiden Seiten braune Punkte sind. Die Tortillas abdecken, damit sie weich bleiben.

3. Für die Sauce Zwiebel abziehen und fein würfeln. Öl in einem Topf erhitzen und die Zwiebelwürfel darin andünsten. Geschälte Tomaten hinzugeben und einige Minuten mitdünsten lassen. Knoblauch abziehen, durch eine Knoblauchpresse geben und hinzufügen. Mit Essig, Tomatenmark, Honig, Salz, Pfeffer und Muskat würzen.

4. Die Sauce in einen Mixer geben oder mit dem Pürierstab pürieren. Koriander abspülen, trockentupfen, fein hacken und hinzufügen.

5. Für die Füllung rote Zwiebeln abziehen, vierteln und in Streifen schneiden. Öl in einer Pfanne erhitzen und Zwiebeln darin andünsten. Mais und Kidneybohnen abtropfen lassen und hinzufügen.

6. Tomaten waschen, vierteln, Stängelansätze herausschneiden und Tomaten in Stücke schneiden. Chilischoten halbieren, Kerne entfernen und Chilischoten ganz fein würfeln. Mit den Tomaten in die Pfanne geben. Oregano abspülen, trockentupfen, fein hacken und hinzufügen. Mit Paprika, Kreuzkümmel, Salz und Cayennepfeffer würzen.

7. Gouda reiben. Eine flache Auflaufform leicht fetten. Pro Tortilla etwa 2 Esslöffel der Füllung nehmen, etwa ⅔ des Käses darüber streuen und einrollen. Tortillas nebeneinander in die Auflaufform legen und mit der Sauce übergießen. Mit dem restlichen Gouda bestreut im Backofen überbacken.

Ober-/Unterhitze: etwa 200 °C (vorgeheizt)
Heißluft: etwa 180 °C (vorgeheizt)
Gas: Stufe 3–4 (vorgeheizt)
Backzeit: etwa 15 Minuten.

Tipp:
Die Tortillas können auch fertig gekauft und dann auf die gleiche Weise zubereitet werden.

DIE ZUTATEN:

20 COCKTAILTOMATEN
40 BASILIKUMBLÄTTER

FÜR DEN TEIG:
125 g WEIZENMEHL
SALZ
FRISCH GEMAHLENER PFEFFER
GERIEBENE MUSKATNUSS
2 EIER (GRÖSSE M)
1 EL SPEISEÖL
8–10 EL KALTES WASSER

FRITTIERFETT

Ausgebackene Cocktailtomaten mit Basilikum

1. Cocktailtomaten kurze Zeit in kochendes Wasser legen (nicht kochen lassen), in kaltem Wasser abschrecken und enthäuten. Basilikumblätter vorsichtig abspülen und trockentupfen.

2. Für den Teig Mehl in eine Schüssel sieben. Salz, Pfeffer und Muskat hinzufügen, in die Mitte eine Vertiefung eindrücken.

3. Eier mit Speiseöl verschlagen und in die Vertiefung geben. Von der Mitte aus die Eiermasse mit einem Teil des Mehls verrühren. Wasser hinzufügen und alles zu einem dickflüssigen Teig verrühren.

4. Frittierfett in einer Fritteuse auf etwa 180 °C erhitzen. Basilikumblätter und Cocktailtomaten portionsweise mit Hilfe von 2 Gabeln in den Teig tauchen, kurz abtropfen lassen. In 1–2 Minuten in dem Fett ausbacken, auf Küchenpapier abtropfen lassen.

Tipp:
Die Tomaten vorsichtig durchschneiden, da sie leicht spritzen. Die ausgebackenen Tomaten sofort servieren, dann schmecken sie am besten.

Paprika- und Avocado-spalten mit Frischkäse

(32 Stück)

1. Frischkäse in eine Schüssel geben, mit Salz, Pfeffer, Paprika, Dill und Kapern zu einer geschmeidigen, spritzfähigen Masse rühren.

2. Paprika vierteln, entstielen, entkernen, die weißen Scheidewände entfernen, Schoten waschen und in Rauten schneiden. Reste in feine Würfel schneiden.

3. Avocados halbieren, vom Stein lösen, schälen, Avocado in kleine Stücke schneiden und mit Zitronensaft beträufeln.

4. Die Paprika- und Avocadospalten auf eine Platte legen. Mit einem Teelöffel je einen Klecks Käsecreme auf den Gemüsestücken verteilen oder die Masse in einen Spritzbeutel mit Lochtülle geben und aufspritzen.

5. Die Paprikarauten mit Paprikawürfeln und Dill garnieren, die Avocadostücke mit Kapern und Kresse oder Basilikum garnieren.

Tipp:
Mit frischen Kräutern, z. B. Dill, Schnittlauch, Kerbel oder Petersilie, verzieren. Zum Bestreuen rosa Pfefferbeeren oder Kümmelsamen verwenden.

Die Zutaten:

400 g Doppelrahm-Frischkäse
Salz
frisch gemahlener Pfeffer
Paprika edelsüss
1 EL gehackter Dill
1 TL gehackte Kapern
je 2 rote und grüne Paprikaschoten
2 Avocados
1 EL Zitronensaft
einige Dillzweige
einige Kapern
etwas Kresse oder rotes Basilikum

DIE ZUTATEN:

100 g DINKELVOLLKORNMEHL
3 EIER (GRÖSSE M)
300 g KARTOFFELN
250 g MÖHREN
150 g KNOLLENSELLERIE
150 g ZUCCHINI
1 KNOBLAUCHZEHE
1 ZWIEBEL
50 g ROGGENFLOCKEN
2 EL SESAMSAMEN
1 ZWEIG LIEBSTÖCKEL
1 BUND FRÜHLINGSZWIEBELN
1 BUND GLATTE PETERSILIE
SALZ
FRISCH GEMAHLENER PFEFFER
150 ml OLIVENÖL

GEMÜSEBRATLINGE *(FOTO)*

1. Dinkelvollkornmehl mit Eiern verrühren.

2. Kartoffeln, Möhren und Sellerie schälen, waschen, abtropfen lassen. Zucchini waschen, Blüten und Stängelansatz abschneiden und alles grob raspeln.

3. Knoblauch und Zwiebel abziehen, fein würfeln. Alle Gemüsezutaten mit Roggenflocken und Sesam unter die Dinkelmehl-Eier-Masse mischen.

4. Liebstöckel, Frühlingszwiebeln und Petersilie putzen, waschen, abtrocknen und fein schneiden, zu der Mehlmischung geben. Mit Salz und Pfeffer würzen. In Olivenöl kleine goldbraune Puffer ausbacken, je Seite etwa 3 Minuten bei mittlerer Hitze.

Tipp:
Dazu griechischen Joghurt, mit Salz, Pfeffer und abgezogenem, durchgepresstem Knoblauch abgeschmeckt, servieren.

DIE ZUTATEN:

4 BAGUETTEBRÖTCHEN
8 EL OLIVENÖL
4 ABGESPÜLTE SALATBLÄTTER
4 FLEISCHTOMATEN
250 g MOZZARELLA
1 BUND BASILIKUM
SALZ
FRISCH GEMAHLENER PFEFFER

BAGUETTE MIT TOMATE UND MOZZARELLA

1. Baguettebrötchen quer aufschneiden und mit etwas Olivenöl beträufeln. Jedes Unterteil jeweils mit einem Salatblatt belegen.

2. Fleischtomaten abspülen, trockentupfen, Stängelansätze herausschneiden und Tomaten in Scheiben schneiden. Mozzarella abtropfen lassen und ebenfalls in Scheiben schneiden.

3. Tomaten- und Mozzarellascheiben dachziegelartig auf den Salat legen. Basilikum abspülen, trockentupfen, die Blättchen in Streifen schneiden und auf die belegten Baguette streuen.

4. Mit Salz und Pfeffer würzen und mit dem restlichen Olivenöl beträufeln. Den Deckel des Brötchen darauf legen.

DIE ZUTATEN:

500 g ROHE KARTOFFELN, GESCHÄLT
250 g MÖHREN, GEPUTZT
250 g ZWIEBELN, ABGEZOGEN
2 EIER (GRÖSSE M)
SALZ
WEISSER PFEFFER
HEFEWÜRZE
100 g WEIZEN, SEHR FEIN GESCHROTET
60 g BUTTERSCHMALZ

KARTOFFEL-GEMÜSE-PUFFER

1. Kartoffeln, Möhren und Zwiebeln raspeln, vermengen und mit beiden Händen leicht ausdrücken.

2. Mit Eiern, Salz, Pfeffer, Hefewürze und Weizenschrot verrühren.

3. Etwas Butterschmalz in einer Pfanne erhitzen. Mit einem Esslöffel kleine Küchlein in die Pfanne geben und flach drücken. Die Puffer bei mittlerer Hitze beidseitig knusprig braten und sofort servieren.

Tipp:
Paprikagemüse oder gedünstete Tomaten dazu servieren.

Vegetarisches Omelett

1. Zwiebel abziehen, fein würfeln. Sellerie waschen, harte Fäden an der Außenseite abziehen, die Stängel in feine Scheiben schneiden. Chilischoten waschen, Stängelansätze und Kerne entfernen, die Schoten fein würfeln.

2. Butter zerlassen, die Zutaten darin bei schwacher Hitze fast gar dünsten, etwas abkühlen lassen.

3. Eier verschlagen, mit dem Gemüse verrühren und mit Salz würzen.

4. Butter zerlassen, die Eiermasse darin bei schwacher Hitze zugedeckt stocken lassen, das Omelett auf einen Teller geben.

5. Gurke schälen, in Scheiben schneiden und als Kranz um das Omelett legen.

Beilage: Warmes Baguette.

DIE ZUTATEN:

1 GROSSE ZWIEBEL
2 STÄNGEL STAUDENSELLERIE
2 ROTE CHILISCHOTEN
50 g BUTTER
8 EIER (GRÖSSE M)
SALZ
50 g BUTTER
½ SALATGURKE

DIE ZUTATEN:

300 g KARTOFFELN
2 KNOBLAUCHZEHEN
1 ZWIEBEL
6 EIER (GRÖSSE M)
2 EL KICHERERBSENMEHL
SALZ, PFEFFER
1 TL GARAM MASALA
1 TL CURRY
1 EL FEIN GEHACKTE PETERSILIE
50 g SEMMELBRÖSEL
1 l SONNENBLUMENÖL

EIERBÄLLCHEN FRITTIERT

(FOTO)

1. Kartoffeln schälen, waschen, 10 Minuten kochen, gut ausdampfen lassen und grob raspeln.

2. Knoblauchzehen und Zwiebel abziehen und in feine Würfel schneiden.

3. Eier hart kochen, abschrecken, abpellen, fein zerhacken, mit den Kartoffeln und Zwiebeln vermengen, mit Kichererbsenmehl, Salz, Pfeffer, Garam Masala, Curry und Petersilie würzen und binden. Etwa eigroße und eiförmige Bällchen formen. Die Bällchen in Semmelbröseln wenden.

4. Sonnenblumenöl in einem großen Topf oder in einer Fritteuse auf 180 °C erhitzen. Die Eierbällchen nacheinander etwa 5 Minuten frittieren.

DIE ZUTATEN:

FÜR DIE REISBÄLLCHEN:
30 g BUTTER
2 ZWIEBELN
1 KNOBLAUCHZEHE
250 g 7-CORN-EQUILINIA (REIS-GETREIDE-MISCHUNG)
500 ml (1/2 l) GEMÜSEBRÜHE
1 KLEINE ROTE PAPRIKASCHOTE
100 g ZUCCHINI
20 g PINIENKERNE
2 EIER (GRÖSSE M)
100 g SEMMELBRÖSEL
SALZ, PFEFFER
1 l SPEISEÖL

FÜR DIE APFEL-ZWIEBEL-SAUCE:
3 ZWIEBELN
40 g BUTTER
500 g ÄPFEL
2 MSP. INGWERPULVER
2 EL ZITRONENSAFT
1 BECHER (150 g) CRÈME FRAÎCHE

REISBÄLLCHEN MIT APFEL-ZWIEBEL-SAUCE

1. Für die Reisbällchen Butter zerlassen. Zwiebeln und Knoblauch abziehen, fein würfeln und in der Butter andünsten.

2. 7-Corn-Equilinia kurz darin andünsten. Gemüsebrühe dazugeben, aufkochen lassen, bei geringer Hitze zugedeckt etwa 30 Minuten garen. Die Flüssigkeit muss vollständig aufgesogen sein. Den Reis auskühlen lassen.

3. Paprikaschote halbieren, entstielen, entkernen, die weißen Scheidewände entfernen, die Schote waschen und in sehr feine Würfel schneiden.

4. Zucchini putzen, waschen und in feine Würfel schneiden. Das Gemüse unter den Reis mengen.

5. Pinienkerne grob hacken, mit Eiern und Semmelbröseln darunter mischen und mit Salz und Pfeffer würzen. Etwa 20 Bällchen formen, in Speiseöl goldbraun und knusprig frittieren.

6. Für die Apfel-Zwiebel-Sauce Zwiebeln abziehen, halbieren, in Streifen schneiden, in zerlassener Butter andünsten. Äpfel schälen, vierteln, entkernen. Äpfel in Spalten schneiden. Zu den Zwiebeln geben, mit andünsten, bis sie zerfallen. Ingwer und Zitronensaft unterrühren. Crème fraîche hinzufügen, erwärmen, evtl. nochmals abschmecken.

SUPPEN & EINTÖPFE

Suppen & Eintöpfe

Raukesuppe mit Möhrenklösschen,
Rezept Seite 26

DIE ZUTATEN:

FÜR DIE MÖHREN-KLÖSSCHEN:
- 300 g MÖHREN
- 1 EL BUTTER
- 1 TL ZUCKER, SALZ
- 3–4 EL WASSER
- 1 EIGELB (GRÖSSE M)
- 2 EL SEMMELBRÖSEL
- 1 EL MAGERQUARK
- 1 EL GEHACKTE PETER-SILIE
- 1 l HEISSE GEMÜSEBRÜHE

FÜR DIE RAUKESUPPE:
- 2 BUND RAUKE
- 40 g BUTTER, 1 ZWIEBEL
- 500 ml (½ l) GEMÜSE-BRÜHE
- 250 ml (¼ l) BUTTER-MILCH

RAUKESUPPE MIT MÖHREN-KLÖSSCHEN *(FOTO SEITE 24/25)*

1. Für die Möhrenklößchen Möhren putzen, schälen, waschen und in Würfel schneiden. Möhren in Butter mit Zucker, Salz und Wasser in einen Topf geben, zum Kochen bringen, zugedeckt etwa 15 Minuten garen, durch ein Sieb streichen oder pürieren.

2. Mit Eigelb, Semmelbröseln und Quark mischen, mit Salz und Zucker abschmecken, Petersilie darunter mischen.

3. Mit 2 Teelöffeln kleine Klößchen abstechen, diese in heiße Gemüsebrühe geben (die Brühe darf nicht kochen), die Klößchen in etwa 5 Minuten gar ziehen lassen.

4. Für die Suppe Rauke putzen, waschen, abtropfen lassen und in feine Streifen schneiden.

5. Butter in einem Topf zerlassen. Zwiebel abziehen, fein hacken, in der Butter andünsten, mit Gemüsebrühe und Buttermilch auffüllen und zum Kochen bringen, mit Salz und Pfeffer abschmecken.

6. Die Rauke dazugeben, kurz mit dem Schneidestab pürieren und in Suppentassen mit den Möhrenklößchen servieren.

DIE ZUTATEN:

- 1 kg REIFE TOMATEN
- 2 ZWIEBELN
- 20 g BUTTER
- 20 g WEIZENMEHL
- 2 EL TOMATENMARK
- 500 ml (½ l) BRÜHE
- 1 GESTR. TL SALZ
- 1 GESTR. TL ZUCKER
- PFEFFER
- PAPRIKA EDELSÜSS
- ½ TL TABASCO
- 1–2 TL GEHACKTE BASILIKUMBLÄTTCHEN
- 1–2 TL GEHACKTE THYMIANBLÄTTCHEN
- 1 EL GEHACKTE PETER-SILIE

TOMATENSUPPE *(FOTO RECHTS)*

1. Tomaten waschen, abtropfen lassen, vierteln, Stängelansätze entfernen und Tomaten würfeln. Zwiebeln abziehen und in Würfel schneiden.

2. Butter in einem Topf zerlassen und Zwiebelwürfel darin glasig dünsten. Tomatenwürfel hinzufügen und kurz mitdünsten lassen. Mit Mehl bestäuben. Tomatenmark unterrühren, Brühe hinzugießen, zum Kochen bringen und 10–15 Minuten abgedeckt kochen lassen.

3. Suppe durch ein Sieb streichen, nochmals erhitzen und mit Salz, Zucker, Pfeffer, Paprika und Tabasco abschmecken. Basilikum- und Thymianblättchen unterrühren. Suppe auf Tellern verteilen und mit Petersilie bestreuen.

Tipp:
Anstelle von frischen Tomaten können auch geschälte Tomaten aus der Dose (Einwaage 800 g) mit Saft verwendet werden.
Die Suppe kann auch mit 1-2 Esslöffeln Crème fraîche oder mit aufgeschlagener Sahne (mit Gin aromatisiert) verfeinert werden.

DIE ZUTATEN:

1 SCHALOTTE
1/2 ROTE PAPRIKASCHOTE
40 g BUTTER
300 g GEMÜSEMAIS (AUS DER DOSE)
1 EL WEIZENMEHL
200 ml GEMÜSEFOND ODER -BRÜHE
300 ml SCHLAGSAHNE
SALZ
FRISCH GEMAHLENER PFEFFER
1 EL CRÈME DOUBLE

MAISCREMESUPPE, AMERIKANISCH

1. Schalotte abziehen und in Würfel schneiden. Paprika vierteln, entstielen, entkernen, die weißen Scheidewände entfernen, die Schote waschen und in feine Würfel schneiden.

2. Butter erhitzen, Schalotten- und Paprikawürfel sowie Maiskörner darin anschwitzen und mit Mehl bestäuben.

3. Gemüsefond oder -brühe und Sahne hinzufügen, aufkochen und etwa 5 Minuten kochen lassen, mit Salz und Pfeffer würzen und mit Crème double verfeinern.

Wirsingsuppe mit Kartoffel-Käse-Kugeln

1. Für die Suppe von dem Wirsing die groben Blätter entfernen, Wirsing achteln, den Strunk herausschneiden, den Kohl abspülen, abtropfen lassen und in Streifen schneiden.

2. Möhren putzen, schälen, waschen und in Scheiben schneiden. Zwiebel abziehen, würfeln und in Butter glasig dünsten. Gemüse zufügen und unter Rühren etwa 5 Minuten dünsten. Mit Brühe ablöschen, 15–20 Minuten weiter garen und mit Muskat, Zucker, Salz und Pfeffer abschmecken.

3. Für die Käsekugeln Kartoffelknödelpulver nach Packungsanleitung mit Wasser zubereiten.

4. Kräuter abspülen, trockentupfen, fein schneiden. Käse fein würfeln und mit den Kräutern zusammen unter den Knödelteig mischen.

5. Aus dem Teig kleine mundgerechte Kugeln formen. Eiweiß verquirlen, Kugeln erst darin, dann in Semmelbröseln wenden und in der Fritteuse bei 185 °C in mehreren Portionen in etwa 3 Minuten ausbacken.

6. Kartoffel-Käse-Kugeln warm stellen und zur Suppe servieren.

Die Zutaten:

Für die Suppe:
- 1 kg Wirsing
- 200 g Möhren
- 1 Zwiebel
- 30 g Butter
- 1 l Gemüsebrühe
- geriebene Muskatnuss
- 1/4 TL Zucker
- 1 Prise Salz
- frisch gemahlener Pfeffer

Für die Käsekugeln:
- 1/2 Pck. Kartoffelknödelpulver, halb und halb
- 375 ml (3/8 l) Wasser
- 1 Bund glatte Petersilie
- 1 Bund Schnittlauch
- 100 g mittelalter Gouda
- 1 Eiweiß (Größe M)
- 2–3 EL Semmelbrösel

Fett zum Ausbacken

Tipp:
Die Kartoffel-Käse-Kugeln nicht ausbacken, sondern in etwa 10 Minuten in der Suppe gar ziehen lassen.

DIE ZUTATEN:

100 g DINKELKÖRNER
250 ml (1/4 l) KALTES WASSER
2 ZWIEBELN
1 KNOBLAUCHZEHE
50 g BUTTER
1 l GEMÜSEBRÜHE
250 g KARTOFFELN
150 g SELLERIEKNOLLE
200 g MÖHREN
700 g MANGOLD
SALZ
FRISCH GEMAHLENER PFEFFER
PAPRIKAPULVER

MANGOLD-DINKEL-EINTOPF

(FOTO)

1. Dinkel in Wasser über Nacht einweichen.

2. Zwiebeln und Knoblauch abziehen, in feine Würfel schneiden, in Butter andünsten. Mit Gemüsebrühe auffüllen, eingeweichten Dinkel mit Einweichwasser dazugeben, aufkochen lassen und etwa 15 Minuten leicht köcheln lassen.

3. Kartoffeln, Sellerie und Möhren putzen, schälen, in grobe Würfel zerteilen, dazugeben und weitere 10–15 Minuten garen.

4. Mangold putzen, waschen, in feine Stücke schneiden, in dem Eintopf aufkochen lassen, 5 Minuten köcheln lassen.

5. Mit Salz, Pfeffer und Paprika abschmecken.

Tipp:
Statt des Mangolds Spinatstreifen in die Suppe geben.

DIE ZUTATEN:

25 g GETROCKNETE SHIITAKE-PILZE
500 ml (1/2 l) KOCHENDES WASSER
200 g MÖHREN
200 g ZUCCHINI
200 g PAKCHOI (ERSATZWEISE CHINAKOHL)
800 ml GEMÜSEBRÜHE
200 ml PILZEINWEICHWASSER
2 EL SOJABOHNEN-PASTE
80 g CHINESISCHE NUDELN (AUS WEIZENMEHL)
150 g TOFU
1 BUND FRÜHLINGSZWIEBELN
1 EL SESAMÖL
CHINESISCHE SOJASAUCE
CHILISAUCE

FEUERTOPF

1. Getrocknete Shiitake-Pilze mit kochendem Wasser begießen, mindestens 1 Stunde einweichen. Pilze aus dem Einweichwasser nehmen, abtropfen lassen. Die Köpfe in Streifen schneiden.

2. Möhren putzen, schälen, waschen. Zucchini waschen, die Enden abschneiden. Beide Gemüse längs in etwa 5 mm dicke Scheiben schneiden. Mit dem Buntmesser in 1 cm breite Streifen schneiden, die Streifen sollten etwa 3 cm lang sein. Pakchoi waschen, grob zerteilen.

3. Gemüsebrühe mit Pilzeinweichwasser und Sojabohnen-Paste zusammen aufkochen. Nach und nach Möhren, Pilze, Zucchini und Pakchoi dazugeben und 10 Minuten schwach köcheln lassen.

4. Chinesische Nudeln in die Suppe geben, kurz mitgaren.

5. Tofu in Würfel schneiden. Frühlingszwiebeln putzen, waschen, in 3 cm große Stücke schneiden. Beide Zutaten in den Feuertopf geben, mit Sesamöl und nach Geschmack mit chinesischer Sojasauce und Chilisauce würzen.

DIE ZUTATEN:

FÜR DIE SUPPE:
2 ZWIEBELN
1 STANGE PORREE (LAUCH)
3 EL BUTTER
2 EL WEIZENMEHL
1 l GEMÜSEBRÜHE
150 g JUNGER GOUDA
1 EL ZITRONENSAFT
GERIEBENE MUSKATNUSS
SALZ
FRISCH GEMAHLENER PFEFFER

FÜR DIE CROÛTONS:
4 SCHEIBEN TOASTBROT
2 EL BUTTER

Lauch-Käse-Suppe

1. Für die Suppe Zwiebeln abziehen, Porree putzen, waschen. Beides in Ringe schneiden und in Butter goldgelb dünsten. Einige Porreescheiben herausnehmen und beiseite stellen.

2. Über die restlichen Porree- und Zwiebelringe Mehl stäuben, kurz anschwitzen und unter Rühren mit der Brühe aufgießen. Aufkochen und bei geringer Wärmezufuhr 10–15 Minuten köcheln lassen. Gelegentlich umrühren.

3. Zum Schluss Gouda reiben, mit dem Zitronensaft in die heiße Suppe geben und schmelzen lassen (nicht mehr kochen). Mit Muskat, Salz und Pfeffer abschmecken.

4. Für die Croûtons Toastbrot in kleine Würfel schneiden und in Butter in einer Pfanne goldbraun rösten.

5. Suppe auf Tassen verteilen und, mit Porreeringen und Brotwürfeln bestreut, sofort servieren.

Tipp:
Die Suppe vor dem Servieren mit fein geschnittenem Schnittlauch bestreuen.

Überbackene Zwiebelsuppe *(6 Portionen)*

1. Für die Suppe Zwiebeln abziehen, halbieren und in dünne Ringe schneiden. Paprika halbieren, entstielen, entkernen und die weißen Scheidewände entfernen. Die Schoten waschen und in feine Streifen schneiden. Butter in einem Topf zerlassen, Zwiebelringe und Paprikastreifen zugeben und etwa 10 Minuten unter Rühren dünsten.

2. Mit Wein und Brühe auffüllen, noch etwa 10 Minuten weiter köcheln lassen und mit Pfeffer kräftig würzen.

3. Suppe in Suppentassen füllen. Baguette in Scheiben schneiden und toasten. Jeweils 2 getoastete Baguettescheiben darauf geben und mit beiden Sorten Gouda bestreuen. Im Backofen oder unter dem heißen Grill kurz überbacken.

Ober-/Unterhitze: etwa 200 °C (vorgeheizt)
Heißluft: etwa 180 °C (vorgeheizt)
Gas: Stufe 3–4 (vorgeheizt)
Backzeit: 5–10 Minuten.

Tipp:
Die getoasteten Baguettescheiben auf ein Backblech (mit Backpapier belegt) geben, mit Käse bestreuen und unter den vorgeheizten Grill schieben, bis der Käse geschmolzen ist. Die Baguettescheiben auf die Suppe setzen.

Die Zutaten:

Für die Suppe:
1 kg Gemüsezwiebeln
100 g Paprikaschote (rot und grün)
60 g Butter
250 ml (¼ l) trockener Weißwein
1 ¼ l Gemüsebrühe
frisch gemahlener Pfeffer

Zum Überbacken:
125 g Baguette
125 g geriebener mittelalter Gouda
30 g geriebener Gouda, alt

DIE ZUTATEN:

FÜR DIE SUPPE:
- 500 g MANGOLD
- 1 ZWIEBEL
- 40 g BUTTER
- 500 ml (½ l) GEMÜSEBRÜHE
- 125 ml (⅛ l) SCHLAGSAHNE
- 50 g CRÈME FRAÎCHE
- SALZ, PFEFFER
- GERIEBENE MUSKATNUSS
- ½ TL ZUCKER

FÜR DIE KLÖSSCHEN:
- 125 ml (⅛ l) MILCH
- ½ TL SALZ
- 30 g TOMATENMARK
- 40 g BUTTER
- 80 g WEIZENMEHL
- 1 EI (GRÖSSE M)
- 60 g GERIEBENER MITTELALTER GOUDA

Mangoldsuppe mit Tomaten-Käse-Klösschen

(Foto)

1. Für die Suppe Mangold putzen, waschen, einige fein geschnittene grüne Blattspitzen kurz blanchieren und zum Bestreuen zurücklassen. Restliches Gemüse in feine Streifen schneiden, Zwiebel abziehen und würfeln. Die Butter zerlassen, Zwiebelwürfel darin andünsten, dann den in feine Streifen geschnittenen Mangold hinzugeben und etwa 10 Minuten dünsten.

2. Brühe zugießen, aufkochen lassen. Noch etwa 5 Minuten garen, dann pürieren. Sahne und Crème fraîche unterrühren, aufkochen lassen und mit Salz, Pfeffer, Muskat und Zucker abschmecken.

3. Für die Klößchen Milch, Salz, Tomatenmark und Butter aufkochen, vom Herd nehmen, gesiebtes Mehl auf einmal zufügen und wieder auf die Herdplatte stellen. Alles unter Rühren zu einem Kloß abbrennen, der sich vom Topfboden löst und in eine Schüssel geben. Ei und Käse darunter rühren, bis der Teig glatt und glänzend ist.

4. Mit 2 Teelöffeln Klößchen abstechen und in kochendem Salzwasser garen, bis die Klöße oben schwimmen.

5. Suppe in 4 Portionsteller füllen, Klößchen hineingeben und mit blanchierten Mangoldstreifen bestreuen.

DIE ZUTATEN:

- 1 kg BLATTSPINAT
- 1 GROSSE ZWIEBEL
- 750 g KARTOFFELN
- 4 EL OLIVENÖL
- SALZ
- FRISCH GEMAHLENER PFEFFER
- GEMAHLENER SAFRAN
- 750 ml (¾ l) GEMÜSEBRÜHE
- 3 KNOBLAUCHZEHEN
- 4 EIER (GRÖSSE M)
- 4 SCHEIBEN VOLLKORNTOASTBROT
- 4 EL BUTTER

Spinateintopf

1. Spinat verlesen, gründlich waschen. Tropfnass in einen Topf geben, erhitzen, bis die Blätter zusammenfallen. Abtropfen lassen und grob hacken.

2. Zwiebel abziehen und fein würfeln. Kartoffeln schälen, waschen und in Scheiben schneiden.

3. Öl erhitzen, Zwiebelwürfel darin glasig dünsten lassen. Kartoffelscheiben hinzufügen, mit Salz, Pfeffer und Safran würzen. Gemüsebrühe hinzugießen.

4. Knoblauchzehen abziehen, fein hacken und hinzufügen. Den Eintopf zugedeckt bei schwacher Hitze 10–15 Minuten kochen lassen. Spinat dazugeben, weitere 10 Minuten garen.

5. Eier einzeln in einer Kelle aufschlagen. Vorsichtig in die Suppe gleiten lassen (die Eier sollen getrennt voneinander stocken).

6. Toastbrot in Würfel schneiden. Butter zerlassen, die Brotwürfel darin braun rösten und vor dem Servieren über den Eintopf geben.

DIE ZUTATEN:

FÜR DIE BRÜHE:
1 kg FRISCHE CHAMPIGNONS
1 TL ZITRONENSAFT
2 ZWIEBELN
1 l WASSER
1–2 MSP. GEKÖRNTE BRÜHE
SALZ
FRISCH GEMAHLENER PFEFFER
4 EL WEISSER PORTWEIN ODER TROCKENER SHERRY

FÜR DIE KÄSESTERNCHEN:
2 SCHEIBEN TOASTBROT
10 g BUTTER
2 SCHEIBEN MITTELALTER GOUDA

Klare Champignonsuppe mit Käsesternchen *(6 Portionen)*

1. Für die Brühe Champignons putzen, waschen und in feine Scheiben schneiden. 12 Pilzscheiben mit Zitronensaft beträufelt beiseite stellen. Zwiebeln abziehen und würfeln. Die übrigen Champignons mit Zwiebelwürfeln im Wasser etwa 30 Minuten köcheln lassen. Mit gekörnter Brühe, Salz und Pfeffer abschmecken.

2. Champignonsuppe über ein feines Haarsieb – besser noch durch ein Tuch – in einen zweiten Topf abgießen. Champignonsud erhitzen, nochmals würzen und mit Portwein oder Sherry abschmecken.

3. Für die Käsesternchen Toastbrot toasten, mit Butter bestreichen und mit Goudascheiben belegen. Mit einem Gebäckausstecher kleine Sternchen ausstechen und 2–3 Minuten unter dem vorgeheizten Grill überbacken, bis der Käse geschmolzen ist.

4. Heiße Champignonbrühe in vorgewärmte Tassen füllen, Käsesternchen und zurückgelegte Champignonscheiben hineingeben und sofort servieren.

Tipp:
Die Suppe vor dem Servieren mit einigen Kerbelblättchen bestreuen.

DREIKORNSUPPE

1. Hafer, Grünkern und Dinkel in Wasser über Nacht einweichen.

2. Zwiebeln abziehen, in feine Würfel schneiden, in Haselnussöl andünsten.

3. Mit Gemüsebrühe ablöschen, eingeweichte Körner dazugeben, aufkochen. Zugedeckt etwa 10 Minuten köcheln lassen.

4. Möhren putzen, schälen, waschen, grob würfeln. In die Suppe geben und weitere 5–10 Minuten köcheln lassen.

5. Zuckerschoten putzen, waschen und halbieren. Frühlingszwiebeln putzen, waschen, in 1 cm lange Stücke schneiden, beides 1 Minute in der Suppe garen.

6. Mandeln in die Suppe streuen, mit Salz, Pfeffer und Crème fraîche abschmecken.

7. Petersilie abspülen, trockentupfen, hacken, einstreuen und servieren.

DIE ZUTATEN:

50 g HAFERKÖRNER
60 g GRÜNKERNKÖRNER
60 g DINKELKÖRNER
400 ml WASSER
2 ZWIEBELN
3 EL HASELNUSSÖL
400 ml GEMÜSEBRÜHE
150 g MÖHREN
120 g ZUCKERSCHOTEN
2 FRÜHLINGSZWIEBELN
60 g ABGEZOGENE, GESTIFTELTE MANDELN
SALZ
FRISCH GEMAHLENER PFEFFER
3 EL CRÈME FRAÎCHE
1 BUND PETERSILIE

DIE ZUTATEN:

180 g GRÜNKERN
500 ml (1/2 l) WASSER
500 ml (1/2 l) GEMÜSEBRÜHE
350 g MÖHREN
2 STANGEN STAUDENSELLERIE
1 STANGE PORREE (LAUCH)
1 TL HEFEEXTRAKT
SALZ
FRISCH GEMAHLENER PFEFFER
1 BUND PETERSILIE

GRÜNKERNSUPPE *(FOTO)*

1. Grünkern in kaltem Wasser über Nacht einweichen. Gemüsebrühe hinzugeben, aufkochen, bei kleiner Hitze zugedeckt etwa 50 Minuten köcheln lassen.

2. Möhren schälen, putzen, waschen und in Scheiben schneiden. Sellerie putzen, waschen und in 1 cm große Stücke schneiden. Beides in die Suppe geben und etwa 10 Minuten mitkochen.

3. Porree putzen, waschen, fein schneiden, in die Suppe geben und noch 5 Minuten mitgaren. Suppe mit Hefeextrakt, Salz und Pfeffer würzen. Petersilie abspülen, trockentupfen, Blättchen abzupfen und auf die Suppe streuen.

Tipp:
Nach Belieben geröstete Vollkorntoastwürfel vor dem Servieren in die Suppe geben.

DIE ZUTATEN:

2 MITTELGROSSE ZWIEBELN
800 g ROTE PAPRIKASCHOTEN
4 EL OLIVENÖL
750 ml (3/4 l) GEMÜSEBRÜHE
125 ml (1/8 l) SCHLAGSAHNE
ETWA 1 EL WEISSWEINESSIG
SALZ
FRISCH GEMAHLENER PFEFFER
PAPRIKAPULVER EDELSÜSS
1 PRISE ZUCKER

PAPRIKA-CREMESUPPE

1. Zwiebeln abziehen und in Würfel schneiden. Paprikaschoten halbieren, entstielen, entkernen, die weißen Scheidewände entfernen, die Schoten waschen und in Stücke schneiden.

2. Öl in einem Topf erhitzen und die Zwiebelwürfel darin andünsten. Paprika dazugeben und kurz mitdünsten. Brühe hinzugießen, alles zum Kochen bringen und in etwa 20 Minuten gar kochen.

3. Die Suppe pürieren und durch ein Sieb passieren. Sahne unterrühren und die Suppe erhitzen. Mit Essig, Salz, Pfeffer, Paprikapulver und Zucker abschmecken.

Tipp:
Die Suppe nach Belieben vor dem Servieren mit gehackter Petersilie oder mit Backerbsen bestreuen.

Salate, Gemüse & Kartoffeln

Salate, Gemüse & Kartoffeln

Griechischer Salat,
Rezept Seite 42

Griechischer Salat

(Foto Seite 40/41)

Die Zutaten:

- 4 kleine Zucchini
- 4 EL Olivenöl
- 1 EL gehackter Dill
- 2 EL Nussöl
- 2 EL Zitronensaft
- 1 EL Estragonessig
- frisch gemahlener Pfeffer
- Salz
- Zucker
- 4 große Tomaten
- je 1 große rote und grüne Paprikaschote
- 2 violette Zwiebeln
- 250 g griechischer Schafskäse
- 2 EL glatte, gehackte Petersilie
- 1 TL gehackte Minze oder Zitronenmelisse
- 1 Kopf Blattsalat

1. Zucchini putzen, die Enden abschneiden, waschen und in Scheiben schneiden. Olivenöl erhitzen, die Zucchinischeiben darin glasig bis leicht bräunlich anbraten lassen und mit Dill bestreuen.

2. Bratflüssigkeit in eine Schüssel geben, mit Nussöl, Zitronensaft, Estragonessig, Pfeffer, Salz und Zucker verrühren.

3. Tomaten kurz in kochendes Wasser legen (nicht kochen lassen), kalt abschrecken, enthäuten, die Stängelansätze herausschneiden und Tomaten in Scheiben schneiden. Paprikaschoten halbieren, Stängelansätze und die weißen Scheidewände herausschneiden, entkernen, waschen und in Streifen schneiden. Zwiebeln abziehen und in Scheiben schneiden. Tomaten, Paprika und Zwiebeln mit der Marinade vermengen.

4. Die abgekühlten Zucchinischeiben, den zerbröckelten Schafskäse und die gehackten Kräuter dazugeben, alles gut vermengen und etwa eine Stunde durchziehen lassen.

5. Vor dem Servieren die gewaschenen, zerpflückten Salatblätter unterheben.

Indianersalat *(Foto rechts)*

Die Zutaten:

- 500 g Pellkartoffeln, vom Vortag
- 250 g Tomaten
- 200 g Ananas
- 2 Bananen
- Saft von 1 Zitrone

Für die Marinade:

- 1 ½ TL Senf
- 1–2 EL Zitronensaft
- 1 Becher (150 g) saure Sahne
- 200 g Mayonnaise
- Salz, Pfeffer
- ½ TL Paprika edelsüß
- 1 Prise Zucker

1. Kartoffeln pellen und würfeln. Tomaten kurz in kochendes Wasser legen (nicht kochen lassen), in kaltem Wasser abschrecken, enthäuten, die Stängelansätze herausschneiden, Tomaten vierteln, entkernen und in Würfel schneiden.

2. Ananas schälen und würfeln. Bananen schälen, in Scheiben schneiden und mit Zitronensaft beträufeln.

3. Für die Marinade Senf, Zitronensaft, saure Sahne, Mayonnaise und Gewürze verrühren und mit den Salatzutaten verrühren, den Salat etwas ziehen lassen.

Tipp: Ananas aus der Dose nehmen.

DIE ZUTATEN:

FÜR DEN SALAT:
500 g PORREE (LAUCH)
SALZ
300 g COCKTAILTOMATEN
200 g ZIEGENKÄSE, IN SCHEIBEN
GROB GEMAHLENER PFEFFER

FÜR DAS DRESSING:
6 EL ZITRONENSAFT
2 KNOBLAUCHZEHEN
2–3 EL WASSER
SALZ
3 EL OLIVENÖL

ZUM BESTREUEN:
1 EL RADIESCHENKRESSE ODER ANDERE KRÄUTER

FÜR DIE BEILAGE:
100 g BAGUETTE
3 EL OLIVENÖL

PORREESALAT MIT ZIEGENKÄSE

1. Für den Salat Porree putzen, der Länge nach halbieren, gut waschen. Porreestreifen in kochendem Salzwasser etwa 4 Minuten garen, abgießen, kalt abschrecken und in schräge Stücke schneiden.

2. Cocktailtomaten waschen und halbieren. Ziegenkäse in mundgerechte Stücke schneiden.

3. Porreestreifen, Cocktailtomaten und Käsestücke auf Portionstellern anrichten und mit Pfeffer bestreuen.

4. Für das Dressing Zitronensaft, abgezogene, zerdrückte Knoblauchzehen, Wasser, Salz und Olivenöl verrühren und über den Salat gießen. Kresse waschen und den Salat damit bestreuen.

5. Baguette in dünne Scheiben schneiden, in Olivenöl kurz in der Pfanne rösten und warm zu dem Salat servieren.

Tipp:
Es kann auch ein aufgebackenes Kräuter- oder Knoblauchbaguette aus dem Kühlregal zu dem Salat gereicht werden.

Mozzarella-Nudel-Salat

1. Nudeln in Salzwasser mit Öl nach Packungsanleitung bissfest garen, auf ein Sieb geben und kurz mit kaltem Wasser übergießen. Nudeln gut abtropfen lassen.

2. Mozzarella abtropfen lassen und in Würfel schneiden. Cocktailtomaten waschen und nach Belieben halbieren.

3. Champignons putzen, mit Küchenpapier abreiben, evtl. abspülen. Kleine Champignons ganz lassen, größere halbieren oder vierteln. Rauke verlesen, putzen, waschen, trockentupfen und grob zerpflücken. Pinienkerne in einer Pfanne ohne Fett hellbraun rösten.

4. Für die Salatsauce die Essigsorten mit Salz, Zucker und Pfeffer gut verrühren. Öl und Wasser nach und nach hinzugießen. Basilikum unterrühren (frisches Basilikum abspülen, trockentupfen und in Streifen schneiden).

5. Die Salatsauce mit den Nudeln mischen und 1–2 Stunden durchziehen lassen.

6. Mozzarella, Cocktailtomaten, Champignons und Rauke unterheben. In einer Schüssel anrichten und mit Pinienkernen bestreuen.

Tipp:
Mozzarella gibt es auch als kleine Kugeln zu kaufen.

DIE ZUTATEN:

200 g DREIFARBIGE FARFALLE-NUDELN (SCHMETTERLINGSNUDELN)
SALZ
1 EL OLIVENÖL
250 g MOZZARELLA
200 g COCKTAILTOMATEN
150 g (MÖGLICHST KLEINE) CHAMPIGNONS
1 BUND RAUKE (RUCOLA)
30 g PINIENKERNE

FÜR DIE SALATSAUCE:
3 EL WEISSWEINESSIG
1–2 EL BASILIKUMESSIG (ODER KRÄUTERESSIG)
SALZ, ZUCKER
GESCHROTETER PFEFFER
6 EL OLIVENÖL
4 EL WASSER
½ PCK. (12 g) TK-BASILIKUM (ODER ½ TOPF FRISCHES BASILIKUM)

DIE ZUTATEN:

FÜR DEN SALAT:
500 g GRÜNER SPARGEL
1 PRISE ZUCKER
SALZ
1 KOPFSALAT
4 TOMATEN (ETWA 150 g)
200 g GOUDA, JUNG
100 g BLAUE WEINTRAUBEN

FÜR DIE MARINADE:
4 EL ROTWEINESSIG
1 TL SÜSSER SENF
SALZ, PFEFFER
2 SCHALOTTEN
1 TL GEHACKTE PETERSILIE
4 EL OLIVENÖL
3–4 EL WASSER

KÄSE-GEMÜSESALAT *(FOTO)*

1. Für den Salat Spargel putzen, unteres Drittel evtl. schälen und mit Zucker in Salzwasser 8–10 Minuten (je nach Stärke der Stangen) garen. Über einem Sieb abgießen und abtropfen lassen.

2. Von dem Salat die welken Blätter entfernen, vierteln, den Strunk herausschneiden, waschen und gut abtropfen lassen.

3. Tomaten waschen, achteln und Stängelansätze herausschneiden. Käse in mundgerechte Stücke schneiden. Weintrauben waschen, halbieren, entkernen und alles zusammen auf einer großen Platte anrichten.

4. Für die Marinade aus Essig, Senf, Salz, Pfeffer, abgezogenen, fein gehackten Schalotten, Petersilie, Öl und Wasser eine Marinade rühren. Den Salat damit übergießen und servieren.

DIE ZUTATEN:

1 KOPF BLUMENKOHL (ETWA 750 g)
KALTES SALZWASSER
250–500 ml (1/4–1/2 l) KOCHENDES SALZWASSER

FÜR DIE REMOULADENSAUCE:
2 HART GEKOCHTE EIER
1 ROHES EIGELB
SALZ
125 ml (1/8 l) SPEISEÖL
2 EL ESSIG ODER ZITRONENSAFT
1 TL SENF
2 EL GEHACKTE KRÄUTER, Z. B. KERBEL, SCHNITTLAUCH
ZUCKER

BLUMENKOHLSALAT

1. Blumenkohl von Blättern und schlechten Stellen befreien. Den Strunk herausschneiden. Blumenkohl unter fließendem kalten Wasser waschen und einige Zeit in kaltes Salzwasser legen.

2. Den Blumenkohl mit dem Strunk nach unten in kochendes Salzwasser legen, zum Kochen bringen und in etwa 20 Minuten gar kochen lassen. Blumenkohl in Röschen teilen.

3. Für die Remouladensauce hart gekochte Eier pellen, das Eigelb durch ein Sieb streichen und mit rohem Eigelb und Salz verrühren. Dann tropfenweise unter Schlagen die Hälfte des Öls hinzufügen.

4. Ist die Masse steif genug, Essig oder Zitronensaft und Senf hinzufügen. Dann erst den Rest des Öls hinzugeben.

5. Das hart gekochte Eiweiß in kleine Würfel schneiden, mit gehackten Kräutern unter die Mayonnaise rühren und mit Salz und Zucker abschmecken.

6. Die Blumenkohlröschen vorsichtig mit der Sauce vermengen, den Salat gut durchziehen lassen und evtl. noch mit Salz und Zucker abschmecken.

DIE ZUTATEN:

750 g WACHSBOHNEN
2–3 BOHNENKRAUTZWEIGE
500 ml (1/2 l) KOCHENDES SALZWASSER

FÜR DIE KRÄUTERSAHNE:
1 KNOBLAUCHZEHE
2 EL MAYONNAISE
3 EL SCHLAGSAHNE
1–2 EL GEHACKTE KRÄUTER (ESTRAGON, BASILIKUM, DILL, MAJORAN, PETERSILIE, SCHNITTLAUCH, ZITRONENMELISSE)
SALZ
FRISCH GEMAHLENER PFEFFER

Wachsbohnensalat mit Kräutersahne

1. Wachsbohnen abfädeln und waschen. Bohnenkrautzweige abspülen. Beide Zutaten in Salzwasser geben, zum Kochen bringen, in etwa 10 Minuten gar dünsten lassen, auf ein Sieb geben.

2. Für die Kräutersahne Knoblauchzehe abziehen, durchpressen, mit Mayonnaise, Sahne und Kräutern verrühren, mit den Bohnen vermengen und mit Salz und Pfeffer abschmecken.

3. Den Salat etwas durchziehen lassen.

Tipp: Wer auf Knoblauch verzichten möchte, kann auch eine geriebene Zwiebel verwenden.

Süss-saurer Nudelsalat

1. Für den Salat Nudeln in Salzwasser mit Butter nach Packungsanleitung bissfest garen, über einem Sieb abgießen, mit kaltem Wasser abschrecken.

2. Paprika halbieren, entstielen, entkernen und die weißen Scheidewände entfernen. Schote waschen, würfeln und zusammen mit den Erbsen 3 Minuten in der Brühe dünsten und abkühlen lassen.

3. Käse und abgetropfte Senfgurken würfeln. Alle Zutaten unter die Nudeln mischen.

4. Für das Dressing Mayonnaise, Joghurt, Kapern (mit Flüssigkeit), Essig, Pfeffer, Zucker und wenig Salz verrühren und unter den Salat heben. Den Salat 1 Stunde durchziehen lassen, dann nochmals abschmecken.

5. Mit Schnittlauchröllchen bestreut servieren.

Tipp:
Den Salat mit Eiachteln oder halbierten Cocktailtomaten garnieren.

DIE ZUTATEN:

FÜR DEN SALAT:
250 g SCHLEIFENNUDELN
SALZ
10 g BUTTER
1 ROTE PAPRIKASCHOTE (150 g)
300 g TK-ERBSEN
4 EL GEMÜSEBRÜHE
200 g MAASDAMER
150 g SENFGURKEN

FÜR DAS DRESSING:
200 g SALATMAYONNAISE
2 BECHER VOLLMILCH-JOGHURT (JE 150 g)
40 g KAPERN
2 EL WEISSWEINESSIG
FRISCH GEMAHLENER PFEFFER
½ TL ZUCKER
1 EL SCHNITTLAUCH-RÖLLCHEN

DIE ZUTATEN:

- 4 GRÜNE PAPRIKASCHOTEN
- 500 g TOMATEN
- 3 GEMÜSEZWIEBELN
- 350 g SCHAFSKÄSE

FÜR DIE SALATSAUCE:

- 6 EL SPEISEÖL
- 3–4 EL ESSIG
- SALZ
- FRISCH GEMAHLENER PFEFFER
- ZUCKER
- 3 EL FEIN GESCHNITTENER SCHNITTLAUCH

Paprikasalat mit Schafskäse *(6 Portionen)*

1. Paprikaschoten halbieren, entstielen, entkernen, die weißen Scheidewände entfernen, Schoten waschen und in Streifen schneiden. Tomaten kurze Zeit in kochendes Wasser legen (nicht kochen lassen), in kaltem Wasser abschrecken, enthäuten, Stängelansätze herausschneiden und Tomaten achteln.

2. Gemüsezwiebeln abziehen, halbieren und in Scheiben schneiden. Zutaten in einer Salatschüssel anrichten. Schafskäse zerbröckeln und darüber verteilen.

3. Für die Salatsauce Öl mit Essig verrühren, mit Salz, Pfeffer und Zucker würzen und über die Salatzutaten geben. Salat vor dem Servieren mit Schnittlauch bestreuen.

DIE ZUTATEN:

- 1,2 kg KARTOFFELN
- SALZ
- KÜMMEL
- 6 TOMATEN
- 1 ZUCCHINI
- 2 STANGEN STAUDENSELLERIE

FÜR DAS DRESSING:

- 2 BUND SCHNITTLAUCH
- 500 g JOGHURT
- SALZ
- FRISCH GEMAHLENER PFEFFER
- ZUCKER
- 1 EL KÜRBISKERNÖL

Kartoffelsalat „Leichte Art“ *(6 Portionen)*

1. Kartoffeln waschen, in einem Topf mit Wasser bedeckt zum Kochen bringen, mit Salz und Kümmel würzen und zugedeckt etwa 25 Minuten garen. Die Kartoffeln leicht auskühlen lassen, pellen und in Scheiben schneiden.

2. Tomaten kurze Zeit in kochendes Wasser legen (nicht kochen lassen), in kaltem Wasser abschrecken, enthäuten, die Stängelansätze herausschneiden, die Tomaten vierteln, entkernen und in Würfel schneiden.

3. Zucchini waschen, die Enden abschneiden, die Zucchini in feine Scheiben hobeln. Staudensellerie putzen, waschen, die harten Außenfäden abziehen und den Sellerie in Scheiben schneiden. Die Selleriescheiben 1 Minute in kochendem Wasser blanchieren, kalt abschrecken und abtropfen lassen.

4. Für das Dressing Schnittlauch abspülen, in Röllchen schneiden, mit Joghurt, Salz, Pfeffer, Zucker und Öl verrühren. Dressing mit den übrigen Salatzutaten vermengen und den Salat etwas durchziehen lassen.

Tipp:
Nach Belieben 4 Eier 7 Minuten kochen lassen, abschrecken, pellen und in Sechstel schneiden.

DIE ZUTATEN:

1 kg ROSENKOHL
1 ZWIEBEL
1 EL BUTTER
SALZ
GERIEBENE MUSKATNUSS
125 ml (1/8 l) WASSER
2 EL CRÈME FRAÎCHE
1 EL GEHACKTE PETERSILIE

Rosenkohl mit Crème fraîche

1. Rosenkohl putzen, Röschen am Strunk kreuzförmig einschneiden und waschen.

2. Zwiebel abziehen, würfeln und in zerlassener Butter andünsten.

3. Rosenkohl hinzufügen und mit Salz und Muskat würzen. Wasser hinzugießen, zum Kochen bringen und Rosenkohl 15–20 Minuten garen lassen.

4. Crème fraîche und Petersilie unterrühren. Den Rosenkohl mit Salz und Muskat abschmecken.

Fenchel mit brauner Butter und Parmesan

Die Zutaten:

2–3 große Fenchelknollen
50 g Butter
Salz
frisch gemahlener, grober Pfeffer
2–3 EL Balsamico-Essig
75 ml Wasser
75–100 g Parmesan oder Pecorino

1. Von den Fenchelknollen die Stiele dicht oberhalb der Knollen abschneiden, braune Stellen und Blätter entfernen, die Wurzelenden gerade schneiden, die Knollen waschen und vierteln. Das Fenchelgrün aufheben.

2. Den Fenchel in etwas zerlassener Butter anbraten, mit Salz und Pfeffer würzen und mit Essig ablöschen. Wasser hinzugeben und den Fenchel in etwa 10 Minuten knackig dünsten.

3. Das Fenchelgrün abspülen, fein schneiden und vor dem Anrichten über den Fenchel streuen.

4. Parmesan oder Pecorino grob raspeln oder reiben und den Fenchel damit bestreuen.

DIE ZUTATEN:

JE 2 ROTE, GRÜNE UND GELBE PAPRIKASCHOTEN
125 ml (1/8 l) WASSER
SALZ
1/4 TL GEKÖRNTE GEMÜSEBRÜHE
2 PCK. KARTOFFELPÜREE MIT MILCH [2 PORTIONEN FÜR JE 500 ml (1/2 l) MILCH]
2 BUND GEMISCHTE KRÄUTER
20 g BUTTER
150 g GERIEBENER DOPPELRAHMKÄSE
1 MSP. PAPRIKAPULVER EDELSÜSS

KÄSE-KRÄUTER-PÜREE IN PAPRIKAHÄLFTEN *(FOTO)*

1. Paprikaschoten halbieren, entstielen, entkernen, die weißen Scheidewände entfernen und Schoten waschen. In mild gesalzenem Wasser etwa 10 Minuten garen, herausnehmen, die roten Paprikaschoten pürieren und mit der Brühe und 125 ml (1/8 l) Kochsud einmal aufkochen lassen.

2. Kartoffelpüree nach Packungsanleitung zubereiten. Kräuter abspülen, trockentupfen, fein hacken und zusammen mit der Butter und 100 g Käse unter das Kartoffelpüree schlagen.

3. Püree in die Paprikahälften füllen und restlichen Käse darüber streuen. Rote Paprikasauce in eine feuerfeste Form gießen, gefüllte Paprikahälften hineinsetzen und die Form auf dem Rost in den Backofen schieben, backen.

Ober-/Unterhitze: etwa 200 °C (vorgeheizt)
Heißluft: etwa 180 °C (vorgeheizt)
Gas: Stufe 3–4 (vorgeheizt)
Backzeit: etwa 15 Minuten.

4. Nach dem Überbacken mit Paprikapulver bestäuben.

Tipp:
Käse-Kräuter-Püree schmeckt besonders gut zu Rühreiern. Das Käse-Kräuter-Püree kann auch einfach mit einem Blatt- oder Tomatensalat gereicht werden.

DIE ZUTATEN:

3 KNOBLAUCHZEHEN
1 ZWIEBEL
4 FLEISCHTOMATEN
2 ROTE CHILISCHOTEN
1 ROTE PAPRIKASCHOTE
3 EL OLIVENÖL
8 EIER (GRÖSSE M)
SALZ
FRISCH GEMAHLENER PFEFFER
1 BUND GLATTE PETERSILIE

MEXIKANISCHE RÜHREIER

1. Knoblauch und Zwiebel abziehen und in feine Würfel schneiden.

2. Fleischtomaten kreuzweise einschneiden, kurz in kochendes Wasser legen (nicht kochen lassen), kalt abschrecken, enthäuten, vierteln, entkernen und in Würfel schneiden.

3. Chilischoten und Paprika waschen, vierteln, Kerngehäuse und die weißen Scheidewände herausschneiden, in kleine Würfel zerteilen. Knoblauch- und Zwiebelwürfel in Olivenöl andünsten, Chili und Paprika dazugeben und bei geringer Hitze etwa 5 Minuten dünsten.

4. Eier aufschlagen, verquirlen und mit Salz und Pfeffer würzen. Tomatenwürfel dazugeben. Eier in die Pfanne geben, durchrühren und stocken lassen.

5. Petersilie abspülen, trockentupfen, fein zerschneiden, über die Eier streuen und servieren.

DIE ZUTATEN:

8 MEHLIG KOCHENDE KARTOFFELN (JE 200 g)

FÜR DIE FÜLLUNG:
300 g FRÜHLINGS-ZWIEBELN
20 g BUTTER
200 g GETROCKNETE TOMATEN, IN ÖL EINGELEGT
200 g MITTELALTER GOUDA, Z. B. PIKANTJE VAN ANTJE
2–3 ZWEIGE THYMIAN
SALZ
FRISCH GEMAHLENER PFEFFER

Käse-Gemüse in Backofen-Kartoffeln

1. Kartoffeln sehr gut waschen und abbürsten, auf ein Backblech (30 x 40 cm, mit Backpapier belegt) setzen, das Backblech in den Backofen schieben.

Ober-/Unterhitze: etwa 220 °C (vorgeheizt)
Heißluft: etwa 200 °C (nicht vorgeheizt)
Gas: Stufe 4–5 (nicht vorgeheizt)
Backzeit: etwa 75 Minuten.

2. Nach 60 Minuten Kartoffeln herausnehmen (Backofen eingeschaltet lassen), jeweils einen Deckel abschneiden, Schale vom Deckel ablösen und Kartoffeln mit einem Teelöffel etwas aushöhlen.

3. Für die Füllung Frühlingszwiebeln putzen, waschen, in feine Ringe schneiden und etwa 5 Minuten in Butter dünsten.

4. Tomaten abtropfen lassen und fein hacken, Käse klein würfeln, Kartoffeldeckel und ausgehöhlte Kartoffelmasse zerdrücken. Alles mit Frühlingszwiebeln mischen und mit den abgespülten, abgezupften Thymianblättchen, Salz und Pfeffer würzen.

5. Masse bergartig in die Kartoffeln füllen, in eine feuerfeste Form setzen und evtl. restliche Füllung dazwischen geben. Die Form auf dem Rost in den Backofen schieben und fertig backen.

Tipp:
Gemischten Blattsalat dazu reichen.

Gebackener Spinat vom Blech

1. Spinat verlesen, dicke Stiele entfernen, Spinat gründlich waschen und trockenschleudern.

2. Eine Fettpfanne oder ein Backblech mit Öl einfetten.

3. Knoblauchzehe längs durchschneiden und mit den Schnittflächen das Blech einreiben.

4. Spinat auf dem Blech verteilen, andrücken, mit Pinienkernen und dem restlichen Öl beträufeln.

5. Mozzarella in feine Würfel schneiden, mit dem Parmesan auf dem Spinat verteilen und mit Salz und Pfeffer würzen.

6. Die Fettpfanne in den Backofen schieben.

Ober-/Unterhitze: etwa 200 °C (vorgeheizt)
Heißluft: etwa 180 °C (vorgeheizt)
Gas: Stufe 3–4 (vorgeheizt)
Backzeit: 15–20 Minuten.

DIE ZUTATEN:

1 kg BLATTSPINAT
4–6 EL OLIVENÖL
1 ABGEZOGENE KNOBLAUCHZEHE
2–3 EL PINIENKERNE
150 g MOZZARELLA
5–6 EL GERIEBENER PARMESAN
SALZ
FRISCH GEMAHLENER PFEFFER

Tipp:
Mit Baguette als Vorspeise reichen.

Bunter Gemüseauflauf

(Foto)

Die Zutaten:

500 g gekochte Pellkartoffeln
je 1 rote und grüne Paprikaschote
1 Dose Gemüsemais (Abtropfgewicht 150 g)
200 g Champignons
1 Stange Porree (Lauch)
Salz
frisch gemahlener Pfeffer
250 ml (1/4 l) Schlagsahne
4 Eier (Größe M)
1 EL Basilikum in Streifen
75 g geriebener Gouda

3 EL Schnittlauchröllchen

1. Kartoffeln pellen und in Scheiben schneiden. Paprikaschoten halbieren, entstielen, entkernen, die weißen Scheidewände entfernen, die Schoten waschen und in Stücke schneiden.

2. Mais abtropfen lassen. Champignons putzen, mit Küchenpapier abreiben, evtl. abspülen und in Scheiben schneiden. Porree putzen, waschen und in Scheiben schneiden.

3. Alle Zutaten vermischen, mit Salz und Pfeffer bestreuen und in eine gefettete Auflaufform füllen. Sahne mit Eiern verrühren, mit Salz, Pfeffer und Basilikum würzen.

4. Gouda unterrühren und den Guss über dem Auflauf verteilen. Die Form auf dem Rost in den Backofen schieben.

Ober-/Unterhitze: etwa 180 °C (vorgeheizt)
Heißluft: etwa 160 °C (nicht vorgeheizt)
Gas: Stufe 2–3 (nicht vorgeheizt)
Backzeit: etwa 50 Minuten.

5. Vor dem Servieren Schnittlauchröllchen über den Auflauf streuen.

Tipp:
Den Auflauf evtl. nach der Hälfte der Backzeit mit Alufolie abdecken, damit er nicht zu stark bräunt.

Chinakohlgratin

Die Zutaten:

750 g Chinakohl
250 g Crème Champignons
Salz
frisch gemahlener Pfeffer
1 Becher (150 g) Crème fraîche
1 Becher (150 g) Joghurt
2 Eier (Größe M)
geriebene Muskatnuss
Currypulver
100 g geriebener, mittelalter Gouda

1. Chinakohl putzen, vierteln, waschen, in kochendes Salzwasser geben und etwa 6 Minuten kochen.

2. Chinakohl abtropfen lassen und in eine gefettete Auflaufform legen.

3. Champignons putzen, mit Küchenpapier abreiben, evtl. abspülen, in Scheiben schneiden, auf den Kohl geben und mit Salz und Pfeffer bestreuen.

4. Crème fraîche mit Joghurt verrühren, Eier unterschlagen, mit Salz, Pfeffer, Muskat und Curry abschmecken und über die Champignonscheiben geben. Mit Gouda bestreuen und die Form auf dem Rost in den Backofen schieben.

Ober-/Unterhitze: etwa 200 °C (vorgeheizt)
Heißluft: etwa 180 °C (vorgeheizt)
Gas: Stufe 3–4 (vorgeheizt)
Backzeit: etwa 30 Minuten.

DIE ZUTATEN:

- 50 g LANGKORNREIS
- SALZ
- 1,2 kg FLEISCHTOMATEN (8 STÜCK)
- FRISCH GEMAHLENER PFEFFER
- 1 ZWIEBEL
- 300 g CHAMPIGNONS
- 20 g BUTTER
- 1 BUND BASILIKUM
- 1 BUND SCHNITTLAUCH
- 200 g GOUDA, MITTELALT
- ½ GEMÜSEBRÜHWÜRFEL
- 1 EL CRÈME FRAÎCHE

Gefüllte Tomaten

1. Reis in Salzwasser etwa 15 Minuten garen, abgießen, abtropfen lassen.

2. Tomaten waschen, Stängelansätze herausschneiden, von den Tomaten jeweils einen Deckel abschneiden, die Deckel würfeln. Das Tomateninnere mit einem Teelöffel herauslösen, beiseite stellen. Tomaten innen mit Salz und Pfeffer würzen.

3. Zwiebel abziehen, würfeln. Champignons putzen, mit Küchenpapier abreiben, evtl. abspülen, trockentupfen und grob würfeln.

4. Butter zerlassen, Zwiebelwürfel und Pilze etwa 2 Minuten darin andünsten.

5. Basilikum und Schnittlauch abspülen und trockentupfen. Von dem Basilikum die Blättchen abzupfen und hacken. Schnittlauch in Röllchen schneiden. Den Käse klein würfeln.

6. Gemüse mit Reis, Tomatenwürfeln, Basilikum, Schnittlauchröllchen und klein gewürfeltem Käse vermengen. Die Tomaten bergartig damit füllen.

7. Tomateninneres grob zerkleinern, mit zerbröseltem Brühwürfel und Crème fraîche verrühren, in eine gefettete Auflaufform geben. Die Tomaten hineinsetzen und die Form auf dem Rost in den Backofen schieben, backen.

Ober-/Unterhitze: etwa 220 °C (vorgeheizt)
Heißluft: etwa 200 °C (vorgeheizt)
Gas: Stufe 4–5 (vorgeheizt)
Backzeit: etwa 5 Minuten.

Beilage: Warmes Fladenbrot.

Überbackenes Frühlingsgemüse

1. Zuckerschoten putzen, waschen, in 20 g Butter mit 2–3 Esslöffeln Wasser, Salz und Pfeffer 4–5 Minuten dünsten.

2. Möhren putzen, schälen, waschen, in schräge Scheiben schneiden. In 20 g Butter mit 2–3 Esslöffeln Wasser, Salz, Pfeffer und Zucker 5–6 Minuten dünsten.

3. Kohlrabi schälen, waschen, vierteln und in Scheiben schneiden. In restlicher Butter mit 2–3 Esslöffeln Wasser und Gewürzen 5–6 Minuten dünsten.

4. Gemüsesorten abwechselnd in Reihen auf einer feuerfesten Platte dekorativ anordnen, mit in kleine Rauten geschnittenem Käse belegen und kurz im Backofen überbacken.

Ober-/Unterhitze: etwa 200 °C (vorgeheizt)
Heißluft: etwa 180 °C (vorgeheizt)
Gas: Stufe 3–4 (vorgeheizt)
Backzeit: etwa 10 Minuten.

Die Zutaten:

500 g Zuckerschoten
60 g Butter
Salz
frisch gemahlener Pfeffer
250 g Bundmöhren
Zucker
2 Kohlrabi (je 150 g)
150 g Schnittkäse mit Gartenkräutern

Tipp:

Dazu schmecken neue Kartoffeln besonders gut. Das Gemüse kann auch unter dem vorgeheizten Grill überbacken werden, bis der Käse schmilzt.

DIE ZUTATEN:

1 ZWIEBEL
2 ZUCCHINI
JE 1 ROTE UND GRÜNE PAPRIKASCHOTE
150 g STAUDENSELLERIE
2 AUBERGINEN
400 g FEST KOCHENDE KARTOFFELN
4 TOMATEN
4 EL OLIVENÖL
THYMIANBLÄTTCHEN
MAJORANBLÄTTCHEN
SALZ
FRISCH GEMAHLENER PFEFFER
2 ABGEZOGENE KNOBLAUCHZEHEN
EVTL. ETWAS GEMÜSEBRÜHE

GEMÜSERAGOUT MIT KARTOFFELN *(FOTO)*

1. Zwiebel abziehen und würfeln. Zucchini waschen, abtrocknen, die Enden abschneiden. Paprika halbieren, entstielen, entkernen, die weißen Scheidewände entfernen, die Schoten waschen. Sellerie putzen, waschen, harte Fäden abziehen. Auberginen waschen, die Stängelansätze abschneiden. Kartoffeln waschen, schälen, abspülen. Tomaten waschen und die Stängelansätze herausschneiden. Gemüse und Kartoffeln in etwa 1 x 1 cm große Würfel schneiden.

2. Öl in einer beschichteten Pfanne erhitzen, zunächst Zwiebel-, dann Gemüse- und Kartoffelwürfel darin andünsten. Zum Schluss Tomatenwürfel dazugeben, mit Thymian, Majoran, Salz, Pfeffer und durchgepresstem Knoblauch würzen.

3. Alles miteinander etwa 25 Minuten leicht schmoren lassen. Wenn die Masse zu trocken ist, etwas Gemüsebrühe zufügen. Evtl. nochmals abschmecken.

DIE ZUTATEN:

1 ZWIEBEL
1 KNOBLAUCHZEHE
1–2 EL OLIVENÖL
1 DOSE (800 ml) GESCHÄLTE TOMATEN
100 ml ROTWEIN
2 PCK. (JE 250 g) GNOCCHI (AUS DEM KÜHLREGAL)
FRISCH GEMAHLENER PFEFFER
GEWÜRZMISCHUNG ITALIENISCHE ART FÜR TOMATENSAUCE
ZUCKER

GNOCCHI MIT TOMATENSAUCE

1. Zwiebel und Knoblauch abziehen und in kleine Würfel schneiden. Öl erhitzen, Zwiebel- und Knoblauchwürfel darin andünsten.

2. Tomaten klein schneiden, mit Saft und Rotwein hinzufügen und so lange kochen lassen, bis die Sauce etwas sämig ist.

3. Gnocchi nach Packungsanleitung in reichlich Salzwasser garen und zum Abtropfen auf ein Sieb geben.

4. Die Sauce mit Pfeffer, Gewürzmischung und Zucker abschmecken und zu den Gnocchi servieren.

Tipp:
Einige schwarze Oliven in Scheiben schneiden und kurz vor dem Servieren unter die Sauce rühren. Dazu schmeckt ein frischer Salat aus Lollo Rosso, Friséesalat, roten Zwiebelringen, Paprikastreifen, Schafskäsewürfeln (aus dem Glas) und einer Essig-Öl-Vinaigrette.

DIE ZUTATEN:

8 MEHLIG KOCHENDE KARTOFFELN (1 kg)
SALZ
FRISCH GEMAHLENER PFEFFER
KÜMMEL
125 g KRÄUTER CRÈME FRAÎCHE

FOLIENKARTOFFELN

1. Kartoffeln waschen, an der Oberseite etwa ½ cm tief einkerben.

2. Die Gewürze in den Einschnitt streuen, einzeln in Alufolie verpacken. Im Backofen backen.

Ober-/Unterhitze: 200–220 °C (vorgeheizt)
Heißluft: 180–200 °C (nicht vorgeheizt)
Gas: etwa Stufe 4 (nicht vorgeheizt)
Backzeit: etwa 50 Minuten, je nach Größe der Kartoffeln.

3. Vor dem Servieren die Alufolie öffnen und je 1 Teelöffel Crème fraîche darauf geben.

Gebackene Kartoffeln mit Petersilienpesto

1. Kartoffeln waschen und abbürsten. Auf ein Backblech (30 x 40 cm, mit Backpapier belegt) setzen und das Backblech in den Backofen schieben, backen.

Ober-/Unterhitze: etwa 220 °C (vorgeheizt)
Heißluft: etwa 200 °C (nicht vorgeheizt)
Gas: Stufe 4–5 (nicht vorgeheizt)
Backzeit: 50–60 Minuten.

2. Für das Pesto Petersilie abspülen, grobe Stiele entfernen, trockentupfen. Zusammen mit den abgezogenen Knoblauchzehen mit Handrührgerät mit Schneidstab pürieren. Nach und nach Olivenöl und die Hälfte des Käses unterrühren und mit Salz und Pfeffer abschmecken.

3. Kartoffeln nach dem Backen kreuzweise einschneiden und etwas zusammendrücken, damit sie aufplatzen. Jeweils 1–2 Teelöffel Pesto darauf geben und mit Käse bestreuen.

4. Restliches Pesto und Käse separat dazu servieren.

DIE ZUTATEN:

8 MITTELGROSSE, MEHLIG KOCHENDE KARTOFFELN (JE 180 g)

FÜR DAS PESTO:
5 BUND PETERSILIE
4 KNOBLAUCHZEHEN
150 ml OLIVENÖL
125 g GERIEBENER GOUDA, ALT
SALZ
FRISCH GEMAHLENER PFEFFER

DIE ZUTATEN:

1 ROTE PAPRIKA
1 BUND OREGANO
4 KNOBLAUCHZEHEN
800 g PELLKARTOFFELN, GEKOCHT
SALZ
FRISCH GEMAHLENER PFEFFER
400 g GRIECHISCHER SCHAFSKÄSE
1 KLEINES GLAS GRÜNE OLIVEN, OHNE STEINE
1 KLEINES GLAS SCHWARZE OLIVEN, OHNE STEINE

GRIECHISCHE KARTOFFEL-PFANNE *(FOTO)*

1. Paprika halbieren, entstielen, entkernen, die weißen Scheidewände entfernen, die Schote waschen und in Würfel schneiden. Oregano abspülen, trockentupfen, die Blättchen von den Stängeln zupfen (einige zum Garnieren zurücklassen) und hacken. Den Knoblauch abziehen und ebenfalls hacken.

2. Pellkartoffeln in Scheiben schneiden, dachziegelartig in eine gefettete Gratinform schichten und mit Salz und Pfeffer würzen.

3. Schafskäse zerbröckeln, mit Oliven, gehacktem Knoblauch, Paprikawürfeln und Oregano mischen, über die Kartoffeln verteilen und auf dem Rost in den Backofen schieben.

Ober-/Unterhitze: etwa 180 °C (vorgeheizt)
Heißluft: etwa 160 °C (vorgeheizt)
Gas: etwa Stufe 3 (vorgeheizt)
Backzeit: 20–30 Minuten.

4. Die Kartoffelpfanne nach dem Backen mit den zurückgelassenen Oreganoblättchen bestreuen.

DIE ZUTATEN:

600 g BLUMENKOHL
600 g BROCCOLI
SALZ

FÜR DEN BIERTEIG:
250 g WEIZENMEHL
30 g FLÜSSIGE BUTTER
200 ml BIER
2 EIGELB (GRÖSSE M)
SALZ
2 EIWEISS (GRÖSSE M)

1 ½ kg FRITTIERFETT

BLUMENKOHL UND BROCCOLI MIT BIERTEIG

1. Blumenkohl und Broccoli putzen, waschen und in walnussgroße Röschen teilen. In reichlich Salzwasser etwa 5 Minuten vorgaren.

2. Für den Bierteig Mehl in eine Schüssel sieben. Butter, Bier und Eigelb dazugeben, alles zu einem dickflüssigen Teig verrühren, mit Salz würzen, etwa 30 Minuten stehen lassen.

3. Eiweiß steif schlagen und zum Schluss unter den Backteig heben.

4. Frittierfett in einem hohen Topf oder einer Fritteuse erhitzen, es sollte so heiß sein, dass sich an einem Holzlöffel kleine Bläschen bilden (ist die Temperatur zu niedrig, saugt sich der Teig zu voll).

5. Blumenkohl- und Broccoliröschen gut abtropfen lassen, mit Hilfe von zwei Gabeln durch den Backteig ziehen, etwas abtropfen lassen und in etwa 5 Minuten goldgelb backen, auf Küchenpapier abtropfen lassen.

Beigabe: Remouladensauce, Kräuter Crème fraîche oder Kräuterjoghurt.

Tipp:
Möhren, Zuckererbsen, Zucchini oder anderes, frisches Gemüse der Saison eignet sich ebenfalls zum Frittieren.

DIE ZUTATEN:

4 GROSSE OFENKARTOFFELN
300 g GESCHÄLTE KARTOFFELN
125 g MÖHREN
1 DÜNNE STANGE PORREE (LAUCH)
150 g KNOLLENSELLERIE
100 ml GEMÜSEBRÜHE
SALZ
GERIEBENE MUSKATNUSS
3–4 EL MILCH

1 EI (GRÖSSE M)
2 EL SCHLAGSAHNE

Gratinierte Gemüse-Kartoffeln

1. Die vier großen Ofenkartoffeln waschen, längs halbieren, aushöhlen und in Salzwasser etwa 10 Minuten kochen.

2. Das ausgehöhlte Kartoffelfleisch und die geschälten Kartoffeln zu den Kartoffelhälften hinzufügen, etwa 5 Minuten mitgaren. Möhren, Porree und Sellerie putzen, Möhren und Sellerie schälen, mit dem Porree waschen und in feine Würfel oder Streifen schneiden. Das Gemüse in Brühe 5–8 Minuten garen. Die Kartoffeln abgießen und mit Salz, Muskat und Milch zu einem Püree verarbeiten, in einen Spritzbeutel füllen.

3. Je einen Esslöffel Gemüse in die ausgehöhlten Kartoffeln geben. Das restliche Gemüse mit der Brühe in einer Auflaufform verteilen. Kartoffelhälften darauf setzen und das Püree in die Kartoffelhälften auf das Gemüse spritzen.

4. Ei mit Sahne verquirlen, über das Püree träufeln und die Kartoffeln im Backofen unter dem vorgeheizten Grill gratinieren.

Sizilianisches Caponata (Geschmortes Gemüse)

1. Staudensellerie putzen, waschen und die harten Außenfäden abziehen. Auberginen waschen, die Stängelansätze abschneiden. Frühlingszwiebeln putzen, waschen. Aus den Tomaten die Stängelansätze herausschneiden. Das Gemüse anschließend grob würfeln. Knoblauchzehen abziehen, durchpressen. Basilikum abzupfen, abspülen und trockentupfen.

2. Olivenöl in einem großen Schmortopf erhitzen, die Gemüsewürfel darin andünsten. Mit Salz, Pfeffer, Knoblauch und Basilikumblättern würzen.

3. Hin und wieder umrühren, etwa 15 Minuten leicht kochen lassen.

4. Zwischenzeitlich den Fond von Kapern und Oliven abgießen, die Früchte zu dem Schmorgemüse geben. Den Schmortopf abgedeckt auf dem Rost in den Backofen stellen.

Ober-/Unterhitze: etwa 160 °C (vorgeheizt)
Heißluft: etwa 140 °C (nicht vorgeheizt)
Gas: Stufe 2–3 (nicht vorgeheizt)
Garzeit: 30–40 Minuten.

Die Zutaten:

- 1 kleiner Stauden-Sellerie
- 3 große Auberginen
- 1 Bund Frühlings-Zwiebeln
- 3 dicke Fleischtomaten
- 2 Knoblauchzehen
- 1 Topf Basilikum
- 4 EL Olivenöl
- Salz
- frisch gemahlener Pfeffer
- 1 Glas Kapernäpfel oder Kapern
- 1 Glas grüne Oliven, ohne Stein
- 1 Glas schwarze Oliven, ohne Stein

DIE ZUTATEN:

1 KNOBLAUCHZEHE
1 EL BUTTER

800 g MEHLIG KOCHENDE KARTOFFELN
SALZ, PFEFFER
GERIEBENE MUSKATNUSS
125 ml (1/8 l) MILCH
125 ml (1/8 l) SCHLAGSAHNE
2 EL GERIEBENER PARMESAN

Kartoffelgratin *(Foto)*

1. Knoblauch abziehen und durchschneiden. Eine flache, feuerfeste Form mit Butter ausstreichen und mit der Knoblauchzehe einreiben.

2. Kartoffeln, waschen, schälen, abspülen, trockentupfen und in dünne Scheiben schneiden oder hobeln. Scheiben dachziegelartig schräg in die vorbereitete Form einschichten und mit Salz, Pfeffer und Muskat bestreuen.

3. Milch und Sahne verrühren und über die Kartoffelscheiben gießen. Mit Parmesan bestreuen und die Form auf dem Rost in die mittlere Einschubleiste des Backofens schieben. Das Gratin goldbraun backen.

Ober-/Unterhitze: 180–200 °C (vorgeheizt), **Heißluft:** 160–180 °C (nicht vorgeheizt) **Gas:** etwa Stufe 3 (nicht vorgeheizt), **Backzeit:** etwa 45 Minuten.

DIE ZUTATEN:

FÜR DIE FÜLLUNG:
200 g CHAMPIGNONS
30 g BUTTER
SALZ, PFEFFER
1 FLEISCHTOMATE
1 EL CRÈME DOUBLE

FÜR DIE MAULTASCHEN:
1 1/2 kg MEHLIG KOCHENDE KARTOFFELN
20 g BUTTER
GERIEBENE MUSKATNUSS
1 EIGELB (GRÖSSE M)
100 g WEIZENMEHL
1 1/2 l SALZWASSER

FÜR DIE RAUKE-BUTTER-SAUCE:
100 g RAUKE (RUCOLA)
1 EL ZITRONENSAFT
100 g WEICHE BUTTER
1 SCHALOTTE
250 ml (1/4 l) WEISSWEIN
1 EL SCHLAGSAHNE

Maultaschen mit Rauke-Butter-Sauce

1. Für die Füllung Champignons putzen, mit Küchenpapier abreiben, evtl. abspülen, fein würfeln, in der zerlassenen Butter andünsten und mit Salz und Pfeffer würzen.

2. Fleischtomate kurze Zeit in kochendes Wasser legen (nicht kochen lassen), in kaltem Wasser abschrecken, enthäuten, den Stängelansatz herausschneiden, die Tomate vierteln, entkernen und in feine Würfel schneiden. Tomatenwürfel und Crème double unter die Pilze rühren und erkalten lassen.

3. Für die Maultaschen Kartoffeln waschen, in Wasser zum Kochen bringen, in 20–25 Minuten gar kochen lassen, abgießen, pellen und durch die Kartoffelpresse drücken. Butter, Muskat, Salz und Eigelb unterrühren und etwas erkalten lassen.

4. Mehl unterrühren. Den Kartoffelteig auf einer bemehlten Arbeitsfläche in kleinen Portionen etwa 1/2 cm dick ausrollen, mit einem gezackten Ausstechförmchen Kreise (Ø 8 cm) ausstechen, gut 1 Teelöffel der Füllung darauf verteilen, übereinanderschlagen und Ränder andrücken.

5. Salzwasser zum Kochen bringen, Maultaschen portionsweise hineingeben, so lange ziehen lassen, bis sie an die Oberfläche steigen (6–8 Minuten), mit einem Schaumlöffel herausnehmen und warm stellen.

6. Für die Rauke-Butter-Sauce Rauke waschen, die unteren Stielenden entfernen, die Rauke trockentupfen, fein hacken und mit Zitronensaft und Butter verrühren. Schalotte abziehen, fein würfeln, mit Weißwein auf die Hälfte einkochen lassen und Sahne unterrühren.

7. Die Raukebutter mit dem Pürierstab in der Sauce aufschlagen (Rauke darf nicht zu stark erhitzt werden, sie wird sonst braun), mit Salz und Pfeffer abschmecken und zu den Maultaschen reichen.

DIE ZUTATEN:

6 ROTE PAPRIKASCHOTEN
3 KNOBLAUCHZEHEN
2 ZWIEBELN
75 ml SONNENBLUMENÖL
SALZ
ZUCKER
FRISCH GEMAHLENER PFEFFER
3 EL WEISSWEINESSIG
1 BUND GLATTE PETERSILIE

PAPRIKAGEMÜSE

1. Paprika waschen, vierteln, Kerngehäuse und die weißen Scheidewände entfernen, Paprika in Streifen und dann in feine Würfel schneiden.

2. Knoblauch und Zwiebeln abziehen, in feine Würfel schneiden. In Öl andünsten, Paprikawürfel zugeben.

3. Mit Salz, Zucker, Pfeffer und Essig würzen. Abgedeckt bei geringer Hitze etwa 30 Minuten köcheln, abschmecken. Falls das Gemüse zu feucht sein sollte, ohne Deckel noch ein paar Minuten kochen lassen, bis es die passende Konsistenz hat.

4. Petersilie abspülen, abtropfen lassen, fein schneiden, das Paprikagemüse damit bestreuen und sofort servieren.

Tipp:
Dazu passen frittierte Eierbällchen oder gefüllte Kartoffelplätzchen.

Spinat in Käsecreme

1. Spinat verlesen, dicke Stiele entfernen, gründlich waschen, tropfnass in einen Topf geben, zugedeckt dünsten, bis die Blätter zusammenfallen, abtropfen lassen.

2. Für die Käsecreme Schalotte und Knoblauchzehe abziehen und fein würfeln. Beides in die zerlassene Butter geben und andünsten. Weißwein und Sahne hinzugießen und cremig einkochen lassen.

3. Edelpilz-Käse in kleine Stücke schneiden, hinzufügen und unter Rühren schmelzen lassen. Anschließend vom Herd nehmen, Eigelb verschlagen und unterrühren. Die Creme zum Spinat reichen oder kurz vermengen.

DIE ZUTATEN:

1 kg SPINAT

FÜR DIE KÄSECREME:

1 SCHALOTTE
1 KNOBLAUCHZEHE
20 g BUTTER
125 ml (1/8 l) WEISSWEIN
125 ml (1/8 l) SCHLAGSAHNE
100 g MILDER EDELPILZKÄSE
2 EIGELB (GRÖSSE M)

Nudeln, Reis & Getreide

Nudeln, Reis & Getreide

Vollkornravioli mit Ratatouille,
Rezept Seite 76

DIE ZUTATEN:

FÜR DIE RAVIOLI:
300 g WEIZENVOLLKORN-MEHL
4 EIER (GRÖSSE M)
1 TL SALZ
4 EL WASSER
1 EL ESSIG
200 g SCHAFSKÄSE
2 EIWEISS (GRÖSSE M)
3 EL SPEISEÖL

FÜR DAS RATATOUILLE:
300 g GEMÜSEZWIEBELN
5 EL SPEISEÖL
400 g GRÜNE PAPRIKA-SCHOTEN
250 g ZUCCHINI
250 g AUBERGINEN
2 KNOBLAUCHZEHEN
SALZ
FRISCH GEMAHLENER PFEFFER
GEREBELTER THYMIAN
500 g FLEISCHTOMATEN
1/2 BUND BASILIKUM
2 EL SPEISEÖL
PAPRIKA EDELSÜSS

VOLLKORNRAVIOLI MIT RATATOUILLE *(FOTO SEITE 74/75)*

1. Für die Ravioli Mehl in eine Schüssel geben, mit Eiern, Salz, Wasser und Essig mit Handrührgerät mit Knethaken zu einem geschmeidigen Teig verarbeiten. Den Teig in Folie wickeln und etwa 60 Minuten ruhen lassen.

2. Den Teig in zwei Portionen auf einer bemehlten Arbeitsfläche dünn ausrollen. Auf einem Teigstück Quadrate von 6 x 6 cm markieren.

3. Schafskäse in Würfel schneiden, auf jedes Teigquadrat einen Würfel Schafskäse legen.

4. Eiweiß verschlagen, die Teigzwischenräume mit dem verquirltem Eiweiß bestreichen, das andere Teigstück darüber schlagen, zwischen der Füllung fest andrücken, dann Quadrate ausrädeln.

5. Die Ravioli portionsweise in kochendes Salzwasser mit Öl geben, etwa 8 Minuten ziehen lassen, mit einer Schaumkelle herausnehmen und warm stellen.

6. Für das Ratatouille Zwiebeln abziehen, in Scheiben schneiden und in Öl andünsten. Paprika halbieren, entstielen, entkernen, die weißen Scheidewände entfernen. Schoten waschen, in Stücke schneiden, zu den Zwiebeln geben und kurz andünsten.

7. Zucchini und Auberginen putzen, waschen und die Enden abschneiden. Zucchini und Auberginen in Stücke schneiden und zu den Zwiebeln geben.

8. Das Ratatouille zugedeckt etwa 10 Minuten garen lassen. Knoblauchzehen abziehen, zerdrücken und zu dem Gemüse geben. Das Ratatouille mit Salz, Pfeffer und Thymian abschmecken.

9. Fleischtomaten kurze Zeit in kochendes Wasser legen (nicht kochen lassen), in kaltem Wasser abschrecken, enthäuten und die Stängelansätze herausschneiden. Tomaten entkernen, in Stücke schneiden, zu dem Gemüse geben, miterhitzen, evtl. nochmals abschmecken.

10. Basilikum abspülen, trockentupfen, die Blättchen von den Stängeln zupfen und in Streifen schneiden. Das Ratatouille mit den Basilikumstreifen bestreuen.

11. Öl erhitzen, die Ravioli darin schwenken, mit Paprika bestreuen. Ravioli mit dem Gemüse servieren.

DIE ZUTATEN:

250 g SCHMALE BAND-NUDELN
SALZ
1 EL SPEISEÖL
2 MITTELGROSSE ZUCCHINI

BANDNUDEL-ZUCCHINI-GRATIN *(FOTO RECHTS)*

1. Bandnudeln in reichlich kochendes Salzwasser geben, Öl hinzufügen und Nudeln nach Packungsanleitung bissfest garen. Nudeln auf ein Sieb geben, mit kaltem Wasser übergießen und gut abtropfen lassen.

2. Zucchini waschen, die Enden abschneiden und Zucchini längs in dünne Scheiben schneiden (am besten mit einem Sparschäler). Champignons putzen, evtl. kalt abspülen, trockentupfen und in Scheiben schneiden.

3. Öl portionsweise in einer Pfanne erhitzen und Zucchini- und Champignonscheiben portionsweise darin anbraten. Knoblauch abziehen und durch die Presse in die Pfanne drücken. Alles mit Salz und Pfeffer würzen.

4. Nudeln, Zucchini und Champignons mischen und in eine gefettete, ofenfeste Pfanne oder eine flache, gefettete Auflaufform geben.

5. Für die Sauce Eier mit Sahne verschlagen, mit Salz und Pfeffer würzen und über das Gratin geben. Emmentaler darüber streuen. Die Form auf dem Rost in den Backofen schieben und backen, bis die Eiersahne gestockt ist.

Ober-/Unterhitze: etwa 180 °C (vorgeheizt)
Heißluft: etwa 160 °C (vorgeheizt)
Gas: Stufe 2–3 (vorgeheizt)
Backzeit: etwa 30 Minuten.

6. Das Gratin mit Schnittlauchröllchen bestreuen und sofort servieren.

250 g BRAUNE CHAMPIGNONS
6 EL OLIVENÖL
1 KNOBLAUCHZEHE
FRISCH GEMAHLENER PFEFFER

FÜR DIE SAUCE:
4 EIER (GRÖSSE M)
250 ml (1/4 l) SCHLAGSAHNE
100–150 g GERASPELTER EMMENTALER
1 EL SCHNITTLAUCHRÖLLCHEN

DIE ZUTATEN:

JE 200 g GELBE UND GRÜNE BANDNUDELN
SALZ

FÜR DIE SAUCE:
200 g BLAUSCHIMMELKÄSE, Z. B. GORGONZOLA
200 ml GEMÜSEBRÜHE
100 ml SCHLAGSAHNE
1 EL WEIZENMEHL
4 EL TROCKENER WEISSWEIN
SALZ
1 PRISE ZUCKER
FRISCH GEMAHLENER, WEISSER PFEFFER
4 EL GEHACKTE WALNUSSKERNE

Bandnudeln mit Blauschimmelkäse

1. Nudeln nach Packungsanleitung getrennt in Salzwasser bissfest kochen, auf ein Sieb geben, abschrecken und gut abtropfen lassen.

2. Käse grob zerbröseln und in einem Topf in heißer Brühe unter ständigem Rühren schmelzen lassen. Sahne unterrühren.

3. Mehl mit Wein anrühren, in die heiße Flüssigkeit rühren, aufkochen und die Sauce unter Rühren etwa 2 Minuten köcheln lassen. Nach Belieben noch etwas Wein hinzugeben.

4. Sauce mit Salz, Zucker und Pfeffer abschmecken und mit den Nudeln servieren.

5. Walnusskerne über die angerichteten Bandnudeln streuen.

Tipp:
Variieren Sie die Sauce, indem Sie feine Broccoliröschen 2–3 Minuten mitköcheln lassen.

Grünkern-Tagliatelle mit Pilzen

1. Für die Tagliatelle Mehl und Grünkernschrot in eine Schüssel geben. Eier, Walnussöl, Wasser und Salz hinzufügen und zu einem glatten Teig verkneten (evtl. etwas Mehl dazugeben).

2. Teig aus der Schüssel nehmen und auf der bemehlten Arbeitsfläche zu einem glatten Teig verkneten. Den Teig in Frischhaltefolie wickeln, mindestens 1 Stunde im Kühlschrank ruhen lassen.

3. Anschließend den Teig dünn ausrollen, zum Trocknen auf ein Küchentuch legen. Wenn der Teig nicht mehr klebt, ihn in ½–1 cm breite Streifen schneiden.

4. Die Tagliatelle in reichlich kochendem Salzwasser etwa 5 Minuten garen. Die garen Nudeln mit kaltem Wasser übergießen, auf ein Sieb zum Abtropfen geben und in zerlassener Butter schwenken.

5. Für die Sauce Egerlinge oder Champignons putzen, mit Küchenpapier abreiben, evtl. abspülen, trockentupfen und in Scheiben schneiden.

6. Knoblauch und Zwiebel abziehen und fein würfeln. Olivenöl in einem Topf erhitzen, Knoblauch und Zwiebel darin andünsten, Egerlinge oder Champignons dazugeben und kräftig anbraten.

7. Mit Zitronensaft und Pilzfond ablöschen, aufkochen lassen und bei mittlerer Hitze 2–3 Minuten kochen lassen.

8. Butter mit Mehl verkneten, unter Rühren zu den Pilzen geben, die Pilze damit binden, Crème double unterrühren, mit Salz, Pfeffer und Thymian abschmecken.

DIE ZUTATEN:

FÜR DIE TAGLIATELLE:
200 g WEIZENVOLLKORNMEHL
100 g GRÜNKERNSCHROT
2 EIER (GRÖSSE M)
2 EL WALNUSSÖL
2 EL WASSER
1 TL SALZ
60 g BUTTER

FÜR DIE SAUCE:
600 g EGERLINGE ODER BRAUNE CHAMPIGNONS
2 KNOBLAUCHZEHEN
1 ZWIEBEL
60 ml OLIVENÖL
1 EL ZITRONENSAFT
200 ml PILZFOND
40 g WEICHE BUTTER
20 g WEIZENMEHL
1 BECHER (125 g) CRÈME DOUBLE
SALZ, PFEFFER
GEREBELTER THYMIAN

DIE ZUTATEN:

2 EL BUTTER
150 g LANGKORNREIS
375 ml (3/8 l) GEMÜSE-BRÜHE
4 EIER (GRÖSSE M)
250 ml (1/4 l) SCHLAG-SAHNE
125 g MAGERQUARK
SALZ
FRISCH GEMAHLENER PFEFFER
GERIEBENE MUSKATNUSS
750 g MANGOLD
200 g ZUCKERSCHOTEN
2 BUND GLATTE PETER-SILIE
50 g GERIEBENER PARMESAN
40 g BUTTERFLÖCKCHEN

Reisauflauf mit Mangold und Zuckerschoten *(Foto)*

1. Butter in einem Topf zerlassen, Reis andünsten und mit Brühe angießen. Etwa 20 Minuten köcheln lassen, bis die gesamte Flüssigkeit vom Reis aufgenommen worden ist.

2. Eier mit Sahne und Quark verrühren, mit Salz, Pfeffer und Muskat würzen.

3. Mangold putzen, waschen, in 10 cm lange Streifen schneiden, 3–4 Minuten blanchieren, abgießen und ausdrücken. Zuckerschoten putzen, Enden abschneiden, 2–3 Minuten blanchieren und abtropfen lassen. Petersilie abspülen und fein hacken.

4. Eine Auflaufform fetten, Reis, Gemüse und Petersilie schichtweise hineingeben und jede Schicht mit Salz und Pfeffer bestreuen. Mit der Eier-Quark-Masse übergießen, so dass die Zutaten bedeckt sind.

5. Parmesan über den Auflauf streuen und mit Butterflöckchen belegen. Die Form auf dem Rost in den Backofen schieben.

Ober-/Unterhitze: etwa 200 °C (vorgeheizt)
Heißluft: etwa 180 °C (vorgeheizt)
Gas: Stufe 3–4 (vorgeheizt)
Garzeit: etwa 30 Minuten.

DIE ZUTATEN:

2 KNOBLAUCHZEHEN
2 ZWIEBELN
250 g ZUCCHINI
300 g AUBERGINEN
5 FLEISCHTOMATEN
250 g KÜRBIS
200 g MÖHREN
6 EL OLIVENÖL
SALZ, PFEFFER, SAFRAN
GEMAHLENER ZIMT
1 TL PAPRIKA EDELSÜSS
1 EL HARISSA
GEMAHLENE NELKEN
GEMAHLENER KREUZ-KÜMMEL (CUMIN)
250 g COUSCOUS
300 ml HEISSE BRÜHE
1 BUND GLATTE PETERSILIE

Couscous mit Gemüse

1. Knoblauch und Zwiebeln abziehen und in feine Würfel schneiden.

2. Zucchini und Auberginen waschen, Blüten- und Stängelansatz abschneiden. Das Fruchtfleisch in Würfel von etwa 1,5 x 1,5 cm schneiden. Tomaten waschen, Stängelansatz herausschneiden und Fleisch in Würfel schneiden.

3. Kürbis und Möhren putzen, schälen, waschen und in Würfel zerteilen. In einer Pfanne Öl erhitzen, nach und nach Knoblauch, Zwiebeln, Zucchini, Auberginen, Kürbis, Möhren und Tomaten andünsten. Mit Salz, Pfeffer, Safran, Zimt, Paprika, Harissa, Nelken und Kreuzkümmel würzen. Etwa 15 Minuten sanft schmoren lassen.

4. Inzwischen Couscous mit heißer Gemüsebrühe übergießen, im abgedeckten Topf bei kleinster Hitze 15 Minuten quellen lassen. Couscous mit 2 Gabeln auflockern, auf Teller verteilen. Gemüse darüber geben.

5. Petersilie abspülen, trockentupfen, Blättchen von den Stängeln zupfen, fein schneiden, über den Couscous streuen und servieren.

DIE ZUTATEN:

200 g LANGKORNREIS
3 EL SPEISEÖL
500 ml (½ l) GEMÜSE-BRÜHE
1 DOSE (0,2 g) GEMAHLENER SAFRAN

2 MITTELGROSSE ZWIEBELN
150 g BRECHBOHNEN
SALZ
200 g CRÈME CHAMPIGNONS
200 g SHIITAKE-PILZE
200 g PFIFFERLINGE
8 EL SPEISEÖL
FRISCH GEMAHLENER PFEFFER
2 MITTELGROSSE TOMATEN
GETROCKNETES BOHNEN-KRAUT
40 g BUTTER

Pilz-Gemüse-Risotto

1. Reis in erhitztem Öl andünsten, mit Brühe auffüllen. Safran unterrühren und den Reis etwa 20 Minuten garen. Den garen Reis auf ein Sieb geben und warm stellen.

2. Zwiebeln abziehen, in Ringe schneiden. Von den Bohnen die Enden abschneiden, Bohnen evtl. abfädeln, waschen, in Stücke schneiden und in Salzwasser etwa 15 Minuten garen.

3. Pilze putzen, mit Küchenpapier abreiben, evtl. abspülen und trockentupfen.

4. Öl erhitzen, zuerst die Zwiebelringe darin andünsten, dann portionsweise die Pilze darin anbraten. Mit Salz und Pfeffer würzen.

5. Tomaten kurze Zeit in kochendes Wasser legen (nicht kochen lassen), mit kaltem Wasser abschrecken, enthäuten, Stängelansätze herausschneiden, Tomaten achteln und entkernen.

6. Tomaten mit Bohnen zu den Pilzen geben, erhitzen, mit Salz, Pfeffer und Bohnenkraut abschmecken.

7. Reis in einer großen Pfanne in zerlassener Butter schwenken, das Pilz-Gemüse hinzufügen.

Gefüllte Champignons auf Salbeinudeln

1. Champignons putzen, mit Küchenpapier abreiben, evtl. abspülen, die Stielansätze aus den Köpfen lösen und klein schneiden.

2. Butter zerlassen, Pilzstücke und Schalotte darin andünsten. Semmelbrösel unterrühren, mit Käse vermengen, mit Salz und Pfeffer abschmecken.

3. Petersilie hinzufügen, die Masse in die Champignonköpfe füllen, die Pilze nebeneinander in eine gefettete Auflaufform setzen, mit Brühe auffüllen. Die Form auf dem Rost in den Backofen schieben.

Ober-/Unterhitze: 220–240 °C (vorgeheizt)
Heißluft: 200–220 °C (vorgeheizt)
Gas: etwa Stufe 5 (vorgeheizt)
Backzeit: etwa 15 Minuten.

4. Nudeln in reichlich Salzwasser nach Packungsanleitung garen, Nudeln abschrecken und auf einem Sieb abtropfen lassen.

5. Butter zerlassen, Salbeiblätter und Nudeln darin schwenken. Salbeinudeln mit Champignons anrichten.

DIE ZUTATEN:

12–16 GROSSE CHAMPIGNONS
30 g BUTTER
1 ABGEZOGENE, FEIN GEWÜRFELTE SCHALOTTE
2 EL VOLLKORNSEMMELBRÖSEL
125 g GERIEBENER KÄSE
SALZ
FRISCH GEMAHLENER PFEFFER
1 BUND FEIN GEHACKTE, GLATTE PETERSILIE
125 ml (1/8 l) GEMÜSEBRÜHE
250 g VOLLKORNNUDELN
2 EL BUTTER
EINIGE FEIN GEHACKTE SALBEIBLÄTTER

DIE ZUTATEN:

300 g KARTOFFELN
300 g ZUCCHINI
1 EI (GRÖSSE M)
2 EIGELB (GRÖSSE M)
100 g GROB GEMAHLENER DINKEL
50 g GERIEBENER PARMESAN
SALZ, PFEFFER
2 KNOBLAUCHZEHEN
100 ml SPEISEÖL

FÜR DAS PAPRIKA-OLIVENGEMÜSE:
2 GROSSE ROTE PAPRIKASCHOTEN
1 DICKE KNOBLAUCHZEHE
2 EL OLIVENÖL
10 SCHWARZE ENTSTEINTE OLIVEN
½ BUND BASILIKUM

ZUCCHINI-DINKEL-PUFFER

(FOTO)

1. Kartoffeln schälen und waschen. Von den Zucchini die Enden abschneiden, Zucchini waschen. Beide Zutaten auf der Röstireibe raspeln.

2. Kartoffel- und Zucchiniraspel mit Ei, Eigelb, Dinkel und Parmesan vermischen. Mit Salz und Pfeffer würzen.

3. Knoblauch abziehen, zerdrücken, zu der Masse hinzufügen und sie etwa 15 Minuten ruhen lassen.

4. Für das Paprika-Olivengemüse Paprika halbieren, entstielen, entkernen, die weißen Scheidewände entfernen, waschen und in Streifen schneiden. Knoblauch abziehen und in Scheiben schneiden. Paprika und Knoblauch in dem erhitzten Öl 5 Minuten dünsten und mit Salz und Pfeffer würzen. Oliven in Streifen schneiden, zugeben und kurz miterhitzen. Basilikum waschen, trockentupfen (etwas zum Garnieren zurücklassen) und in Streifen schneiden.

5. Öl erhitzen, die Puffer darin braten. Die Puffer mit dem Gemüse auf einer Platte anrichten, mit Basilikumstreifen bestreuen und mit Basilikumblättchen garnieren.

Tipp:
Für das Gemüse anstelle der Paprikaschoten zwei Fleischtomaten verwenden.

DIE ZUTATEN:

200 g GRÜNKERN
2 l GEMÜSEBRÜHE
1 KOPF BLUMENKOHL (ETWA 800 g)
SALZ
ZITRONENSAFT

BLUMENKOHL-GRÜNKERN-AUFLAUF

1. Grünkern in Gemüsebrühe etwa 40 Minuten garen.

2. Blumenkohl von Blättern und schlechten Stellen befreien, sorgfältig waschen und 10 Minuten in kaltes Salzwasser legen.

3. Blumenkohl in Röschen teilen, in leicht gesalzenem Wasser mit Zitronensaft etwa 10 Minuten halbgar kochen.

4. Blumenkohl und Grünkern abtropfen lassen und in eine gefettete Auflaufform geben.

5. Für die Sauce Quark mit Eiern, Milch, Salz, Pfeffer, Muskat und in Röllchen geschnittenem Schnittlauch verschlagen und darüber verteilen. Die Form auf dem Rost in den Backofen schieben.

Ober-/Unterhitze: etwa 200 °C (vorgeheizt)
Heißluft: etwa 180 °C (vorgeheizt)
Gas: Stufe 3–4 (vorgeheizt)
Backzeit: etwa 30 Minuten.

Tipp:
Dazu Salzkartoffeln und gemischten Salat reichen.

FÜR DIE SAUCE:
250 g SPEISEQUARK
2 EIER (GRÖSSE M)
4 EL MILCH
FRISCH GEMAHLENER PFEFFER
GERIEBENE MUSKATNUSS
1 BUND SCHNITTLAUCH

DIE ZUTATEN:

2 MÖHREN
100 g KNOLLENSELLERIE
1 KLEINE STANGE PORREE (LAUCH)
1 ZWIEBEL
1 EL BUTTER
1 EL SPEISEÖL
200 g NATURREIS (UNGESCHÄLT)
250 ml (1/4 l) WEISSWEIN
250 ml (1/4 l) GEMÜSE-BRÜHE
1 GLAS MUNGOBOHNEN-KEIMLINGE (ABTROPFGE-WICHT 100 g)
150 g SCHAFSKÄSE

GEMÜSEREIS

1. Möhren und Sellerie putzen und schälen. Porree putzen und längs einschneiden. Das Gemüse waschen und in feine Streifen schneiden. Zwiebel abziehen und fein würfeln.

2. Butter in einem Topf zerlassen, Öl dazugeben und das Gemüse etwa 5 Minuten darin dünsten. Reis hinzufügen und kurz mitdünsten.

3. Wein und Brühe angießen, zum Kochen bringen und bei schwacher Hitze zugedeckt etwa 25 Minuten quellen lassen (Packungsanleitung beachten) bis der Reis bissfest ist und die ganze Flüssigkeit aufgenommen hat. Ab und zu umrühren.

4. Etwa 2 Minuten vor Beendigung der Garzeit die gut abgetropften Mungobohnenkeimlinge dazugeben. Schafskäse zerbröckeln oder in Würfel schneiden und über den Reis streuen.

Tipp:

Dazu passen Gemüsebratlinge oder Frühlingsrollen. Asiatisch wird der Gemüsereis, wenn er mit gemahlenem Ingwer, Sojasauce, Currypulver und Koriander abgeschmeckt wird. Dann den Schafskäse weglassen.

WEIZENRISOTTO *(2 PORTIONEN)*

1. Zwiebel abziehen, in feine Würfel schneiden und in dem erhitzten Öl glasig dünsten. Bulgur hinzufügen und kurz anrösten.

2. Brühe dazugießen. Erbsen untermischen. Mit Muskat, Curry, Thymian und Pfeffer würzen. Zum Kochen bringen und bei schwacher Hitze etwa 20 Minuten garen lassen.

3. Estragon abspülen, die Blättchen von den Stängeln zupfen, fein schneiden und unter den Risotto mischen. Evtl. mit wenig Salz abschmecken.

Tipp:
50 g geriebenen Parmesan unter das Risotto geben.

DIE ZUTATEN:

1 ZWIEBEL
1 TL SPEISEÖL
100 g GROBER BULGUR (WEIZENGRÜTZE)
250 ml (1/4 l) GEMÜSEBRÜHE
150 g TK-ERBSEN
GERIEBENE MUSKATNUSS
CURRYPULVER
GEREBELTER THYMIAN
FRISCH GEMAHLENER PFEFFER
1/2 BUND ESTRAGON
SALZ

Paprika mit Pilz-Grünkern-Füllung *(Foto)*

DIE ZUTATEN:

4 GROSSE, GELBE PAPRIKASCHOTEN (JE ETWA 220 g)

FÜR DIE FÜLLUNG:

- 1 ZWIEBEL
- 2 KNOBLAUCHZEHEN
- 3 EL OLIVENÖL
- 80 g GRÜNKERNSCHROT
- 400 ml GEMÜSEBRÜHE
- 450 g AUSTERNPILZE
- 3 FRÜHLINGSZWIEBELN
- 3 EL MAISKEIMÖL
- 1 TL GARAM MASALA (INDISCHE GEWÜRZMISCHUNG)
- SALZ, PFEFFER

FÜR DIE SAUCE:

- 1 DOSE PASSIERTE TOMATEN (EINWAAGE 400 g)
- 200 ml GEMÜSEBRÜHE
- 1 TOPF BASILIKUM

1. Paprikaschoten waschen, abtrocknen, am Stielende einen Deckel abschneiden und mit Hilfe eines Löffels die Kerne und die weißen Scheidewände entfernen.

2. Für die Füllung Zwiebel und Knoblauch abziehen und in feine Würfel schneiden. Öl erhitzen und Zwiebel- und Knoblauchwürfel darin andünsten. Grünkernschrot kurz andünsten, Brühe zugeben, aufkochen lassen und etwa 10 Minuten im geschlossenen Topf ausquellen lassen.

3. Austernpilze putzen, mit Küchenpapier abreiben, evtl. abspülen und in 2 x 2 cm große Würfel schneiden. Frühlingszwiebeln putzen, waschen und in 1 cm große Stücke schneiden.

4. Öl in einer Pfanne erhitzen und die Austernpilze darin von allen Seiten kräftig anbraten. Frühlingszwiebeln und Grünkernmasse hinzufügen und alles mit Garam Masala, Salz und Pfeffer würzen. Die Masse in die Paprikaschoten füllen und den Deckel auflegen.

5. Für die Sauce Tomaten und Brühe in einer feuerfesten Form mischen und mit Salz und Pfeffer würzen. Die Paprikaschoten in die Form setzen und die Form auf dem Rost in den Backofen schieben.

Ober-/Unterhitze: etwa 180 °C (vorgeheizt), **Heißluft:** etwa 160 °C (nicht vorgeheizt)
Gas: Stufe 2–3 (nicht vorgeheizt), **Backzeit:** etwa 40 Minuten.

6. Basilikum abspülen, trockentupfen und vor dem Servieren über die Paprikaschoten streuen.

Risotto mit Shiitake-Pilzen

DIE ZUTATEN:

- 2 ZWIEBELN
- 2 EL SPEISEÖL
- 300 g RUNDKORNREIS
- 1 l GEMÜSEBRÜHE
- 1 BUND PETERSILIE
- 200 g SHIITAKE-PILZE
- 1 EL BUTTER
- 100 g GERIEBENER PARMESAN

1. Zwiebeln abziehen und würfeln. Öl erhitzen und die Zwiebelwürfel darin andünsten. Reis in ein Sieb geben, abspülen, abtropfen lassen, etwa 5 Minuten mitdünsten.

2. Nach und nach Gemüsebrühe hinzugießen, bei milder Hitze zugedeckt etwa 20 Minuten garen, ab und zu umrühren.

3. Petersilie abspülen, trockentupfen und hacken. Pilze putzen, mit Küchenpapier abreiben und evtl. waschen. Große Pilze halbieren. 10 Minuten vor Ende der Garzeit Pilze unter den Reis mischen.

4. Den fertigen Risotto mit Petersilie und Butter vermengen, die Hälfte des Parmesans unterrühren und mit dem restlichen Käse bestreut servieren.

DIE ZUTATEN:

FÜR DIE GETREIDE-BRATLINGE:
250 g 5-KORN-MISCHUNG
250 ml (1/4 l) KOCHENDE GEMÜSEBRÜHE
200 g MÖHREN
200 g ZUCCHINI
2 EIER (GRÖSSE M)
100 g SPEISEQUARK
KRÄUTERSALZ
FRISCH GEMAHLENER PFEFFER
8 EL SPEISEÖL

FÜR DIE BASILIKUMSAUCE:
250 g SPEISEQUARK
1 BECHER (150 g) CRÈME FRAÎCHE
100 ml MILCH
1 EL BASILIKUMSTREIFEN
100 g GERASPELTE ZUCCHINI

GETREIDEBRATLINGE MIT BASILIKUMSAUCE

1. Für die Getreidebratlinge 5-Korn-Mischung mit kochender Gemüsebrühe übergießen und etwa 45 Minuten stehen lassen.

2. Möhren putzen, schälen und waschen. Zucchini waschen, trockentupfen und die Enden abschneiden. Beides reiben und mit Eiern unter die eingeweichten Körner geben. Quark untermischen und mit Salz und Pfeffer abschmecken. Etwa 20 Bratlinge daraus formen.

3. Etwas Öl erhitzen und die Bratlinge darin in etwa 10 Minuten goldgelb braten.

4. Für die Basilikumsauce Quark mit Crème fraîche und Milch verrühren. Basilikumstreifen und geraspelte Zucchini unterrühren und mit Salz und Pfeffer abschmecken.

Tipp:
Dazu einen gemischten Blattsalat servieren.

Grünkern-Gemüse-Auflauf

1. Zwiebeln abziehen, fein würfeln. Die Hälfte der Zwiebelwürfel in 1 Esslöffel heißem Öl goldgelb rösten, Grünkern dazugeben, kurz rösten und mit Brühe aufgießen. Mit Majoran, Paprika oder Curry und Pfeffer würzen. Bei geringer Hitze etwa 20 Minuten ausquellen lassen.

2. Möhren putzen, schälen, waschen und in Würfel oder Streifen schneiden. Vom Wirsing schlechte Blätter entfernen, unter fließendem Wasser waschen und in Streifen schneiden.

3. Restliche Zwiebelwürfel im restlichen Öl dünsten und Gemüse und Gewürze dazugeben. Zugedeckt bei geringer Hitze etwa 10 Minuten dünsten.

4. Nur bei Bedarf etwas Brühe zugeben. Joghurt und die Hälfte des Käses unter den etwas abgekühlten Grünkern rühren und mit Muskat, Kümmel und Salz abschmecken. Eine flache, feuerfeste Form einfetten, das gegarte Gemüse hineinfüllen und den Grünkern darüber verteilen.

5. Mit dem restlichen Käse und den Nüssen bestreuen und die Form auf dem Rost in den Backofen schieben.

Ober-/Unterhitze: etwa 200 °C (vorgeheizt)
Heißluft: etwa 180 °C (vorgeheizt)
Gas: Stufe 3–4 (vorgeheizt)
Backzeit: etwa 15 Minuten.

Tipp:
Zu diesem Gericht schmeckt eine fruchtige Tomatensauce oder eine süß-scharfe Chilisauce.

Die Zutaten:

2 Zwiebeln
2 EL Speiseöl
120 g Grünkern
250 ml (1/4 l) Gemüsebrühe
1 EL gerebelter Majoran
1 TL Paprika- oder Currypulver
frisch gemahlener Pfeffer
500 g Möhren
500 g Wirsing
geriebene Muskatnuss
Kümmelpulver
Salz
1 Becher (150 g) Joghurt
100 g geriebener Käse
20 g grob geriebene Haselnusskerne

Milch und Milchprodukte

Von Ostasien einmal abgesehen, sind Milch und Milchprodukte rund um die Welt für die menschliche Ernährung von großer Bedeutung: Sie sind überwiegend leicht verdaulich und darüber hinaus in der Nährstoffzusammensetzung ausgesprochen wertvoll. Milch und die daraus hergestellten Produkte enthalten Zucker, Fett und Eiweiß, die Vitamine A und B_2 sowie Calcium. Unter „Milch" versteht man hier zu Lande übrigens grundsätzlich Kuhmilch; Milch von Büffeln, Schafen und Ziegen oder anderen Tieren muss entsprechend gekennzeichnet werden.

Sojaprodukte

Die Sojabohne zählt zur Familie der Bohnengewächse oder der Hülsenfrüchte. In China schon seit Jahrtausenden kultiviert, hat sich die Sojabohne zu einer der weltweit bedeutendsten Wirtschaftspflanzen entwickelt. Tatsächlich handelt es sich bei den gelben, weißen oder schwarzen Samen der einjährigen, an Buschbohnen erinnernden Pflanze um ein ausgesprochen wertvolles, eiweißreiches Lebensmittel. Man isst Sojabohnen in Asien und den USA gern frisch, sie eignen sich aber auch zum Trocknen und werden dann wie andere Hülsenfrüchte zubereitet. Wichtig und aus den fernöstlichen Küchen nicht wegzudenken sind die vielen Würzsaucen und -pasten auf Sojabasis, die gebrauchsfertig auf dem Markt sind und Gerichte im Handumdrehen perfekt würzen.

Eier

Ernährungsphysiologisch wertvoll ist das Ei vor allem aufgrund des biologisch hochwertigen Proteins, deckt doch ein Ei bereits 15% des Eiweiß-Tagesbedarfs. In punkto Nährstoffgehalt unterscheiden sich Eiklar und Eigelb erheblich. Das Eiklar besteht hauptsächlich aus Wasser und etwa 11% Protein, Eigelb ist dagegen reich an Eiweiß-Phosphor-Verbindungen, an Fett, aber auch an Mineralstoffen und Vitaminen. Neben den fettlöslichen Vitaminen A, D und E weist es Calcium, Phosphor und Eisen auf. Im Eiklar sind wasserlösliche Vitamine, Natrium, Kalium und Chlor enthalten. Die Nährstoffe von Eiern können vom Menschen zu 95% genutzt werden.

Kräuter

Die frischen Grünen mit dem intensiven Aroma sind für die Küche einfach unverzichtbar. Verwendet man üppig frische Kräuter als Würzmittel, kann man bei den meisten Speisen die Salzdosis reduzieren.

Tomaten

Tomaten haben einen bemerkenswerten Anteil an Mineralstoffen und Vitaminen, dazu sind sie reich an bioaktiven Stoffen, vor allem an Carotinoiden. Mittlerweile werden Tomaten rund um die Welt kultiviert, zum Teil auch im Unterglas- oder Folienanbau, so dass eine nahtlose Belieferung das ganze Jahr hindurch gewährleistet ist.

Paprika

Beliebt wurde der Paprika erst, als es durch Züchtungen gelungen war, ihm die Schärfe zu nehmen. Angebaut werden die Schoten überall dort, wo entsprechend günstige klimatische Bedingungen herrschen, vielfach auch unter Glas. Im Gegensatz zur Form ist die Farbe nicht unbedingt ein Sortenmerkmal, sondern Ausdruck des jeweiligen Reifegrades. Grüne Schoten sind unreif, rote und gelbe dagegen an der Pflanze ausgereift, was nicht nur den Geschmack, sondern auch den Gehalt an Vitamin C positiv beeinflusst. Beim Einkauf sollte man darauf achten, glänzende feste Früchte ohne Runzeln zu erstehen.

Zucchini

Am besten schmecken Zucchini frisch geerntet, nicht länger als 15–20 cm, weil sie dann besonders zart sind. Verarbeitet man die Früchte roh, wobei ihr leicht nussiges Aroma zur Geltung kommt, gilt dies umso mehr, denn je größer sie sind, desto faseriger wird das Fleisch. Gegart schmecken Zucchini weitgehend neutral, was sie zu einem idealen Begleiter für viele Gerichte macht. Ob zu Fleisch, Fisch, Geflügel, Eiern oder Nudeln – das geschmackstolerante Gemüse passt, häufig mediterran gewürzt, einfach zu allem.

Ratgeber

Auberginen

Die Früchte eignen sich nicht zum Rohverzehr, sondern müssen erhitzt werden, zum einen aufgrund des in unreifen Früchten enthaltenen Solanins, zum anderen wegen der Bitterstoffe im Fruchtfleisch. Auberginen werden daher immer gegart. Es empfiehlt sich, die Früchte vor der Weiterverarbeitung in Scheiben zu schneiden und zu salzen. Dies entzieht nicht nur die Bitterstoffe, sondern auch Wasser. Das anschließende Ausdrücken und Trockentupfen verhindert, dass die Auberginen beim Braten oder Frittieren zu viel Fett aufsaugen.

Pilze

Jeder liebt sie, jeder will sie: Pilze stehen bei Feinschmeckern hoch im Kurs. Seit jeher schätzt man ihr intensives Aroma. So wird der Shiitake-Pilz in China seit 2000 Jahren kultiviert. In Europa begann man mit der Pilzzucht im 18. Jahrhundert. Während Zuchtpilze das ganze Jahr über in guter Qualität zur Verfügung stehen, sieht es bei den Wildpilzen anders aus. Sie wachsen nur zu bestimmten Zeiten und auch nur bei entsprechender Witterung, daher haben sie auf dem Markt ihren Preis.

Kohl

Die Kreuzblütler sind eine große Familie, zu der 380 verschiedene Gattungen gehören, darunter neben Senf, Rettich und Kresse vor allem die zahlreichen, rund um den Globus kultivierten Kohl- und Rübenarten – vom Blumenkohl über Broccoli bis hin zu Weiß- und Rotkohl.

Salat

Salate, ob grün oder rot, sind heute beliebter denn je: als leichte, bekömmliche, gesunde und, vor allem, kalorienarme Kost. Wichtig ist nur, sowohl was die Vitamine als auch den Geschmack anbelangt, wirklich frische Ware zu bekommen. Daher lieber nicht auf eine bestimmte Sorte setzen, sondern im Zweifelsfall zu einer Alternative greifen. Und das dürfte kein Problem sein, bereichern doch seit ein paar Jahren eine Menge an Neuzüchtungen den Markt. Zudem komplettieren Importe das jeweilige Angebot.

Kartoffeln

Der Ursprung der Kartoffel liegt in den Anden Südamerikas, wo sie auch heute noch in zahlreichen Wildformen vorkommt. In Europa ist die Kartoffel seit dem 16. Jahrhundert bekannt, als Nahrungsmittel populär wurde sie jedoch erst etwa 200 Jahre später. Kartoffeln sind ungeheuer vielseitig, nicht nur was ihr Aussehen anbelangt, sondern auch im Hinblick auf Kocheigenschaften und Einsatz in der Küche. Für Salate, Pell- und Bratkartoffeln sollten es fest kochende Sorten sein. Mittelfeste, vorwiegend fest kochende Kartoffeln sind von leicht mehliger Konsistenz und damit genau richtig für Salz- oder Pellkartoffeln, Aufläufe und Gratins. Mehlige Sorten dagegen eignen sich besonders gut für Pürees, Klöße, Reibekuchen oder Kroketten.

Nudeln

Grundsätzlich unterscheidet man zwischen Eiernudeln, die meist aus Weichweizenmehl zubereitet werden, und Pasta aus Hartweizengrieß, ohne Ei.

Reis

Reis teilt man den jeweiligen Körnertypen entsprechend in Rund-, Mittel- und Langkornreis ein. Von diesen drei Typen gibt es klebende und nichtklebende Sorten.

Eine weitere Angebotsform ist der Parboiled Reis. In Sachen Nährwert ist er kaum zu verachten, denn Parboiled Reis enthält bis zu 80% der Inhaltsstoffe des vollen Korns. Sie werden durch Einweichen des Reises in Wasser und einer anschließenden Behandlung mit Wasserdampf und hohem Druck ins Innere der Körner gepresst. Das „parboiling“ beeinflusst aber auch die Kocheigenschaften: Parboiled Reis gart schneller, die Körner sind nahezu versiegelt und geben beim Garen kaum noch Nährstoffe, aber auch keine Stärke mehr ab, so dass sie auf jeden Fall körnig kochen.

Kapitelregister

Snacks & Vorspeisen

Suppen & Eintöpfe

Salate, Gemüse & Kartoffeln

Nudeln, Reis & Getreide

Heyne Kochbuch
07/2035

Herausgeber: Genehmigte Lizenzausgabe für den Wilhelm Heyne Verlag, München, 2002
http://www.heyne.de

Titelgestaltung: KonturDesign, Bielefeld
Graphisches Konzept: Andrea Kelger, Bielefeld
Gestaltung: M•D•H Reiner Haselhorst, Bielefeld

Redaktion: Jasmin Gromzik, Miriam Krampitz

Rezeptberatung: Annette Elges, Bielefeld

Fotos: Thomas Diercks, Hamburg
Atelier Frisch
Focus-Design, Bielefeld
Ulli Hartmann, Bielefeld
Bernd Lippert, Bielefeld
Herbert Maass, Hamburg
Christiane Pries, Borgholzhausen
Hans-Joachim Schmidt, Hamburg
Achim Straub, Düsseldorf
Fotostudio Toelle, Bielefeld
Brigitte Wegner, Bielefeld

Satz: Typografika, Bielefeld

Reproduktion: Mohn Media Mohndruck GmbH, Gütersloh

Druck: Offizin Andersen Nexö, Leipzig

Printed in Germany

ISBN 3-453-19959-6